JN334722

サラサラ読めるのにジワッとしみる

「マーケティング」のきほん

大切な理論　現場の知恵　BtoC　BtoB

シンフォニーマーケティング株式会社 代表取締役
庭山一郎 [著]

はじめに

　マーケティングと出会い、こつこつと研究をはじめてもう30年になります。知的でありながら泥臭く、コンピュータを駆使した科学でありながら、その対象は人間の「心」なのがマーケティングです。科学と感性がこれほど高いレベルで融合し、顧客と一緒に未来を創ることができる仕事を私は他に知りません。

　この本は、初めてマーケティングを学ぶ人、新入社員や、他部署からマーケティング部門に異動になった人などを対象に、マーケティングの楽しさを伝えることを目的に書いた入門書です。言葉の定義や意味、基本的なフレームワークや学び方などをまとめていますが、自分の会社の新入社員や、顧客企業で新しくマーケティング部門に配属された方の顔をイメージしながら、できるだけ例を挙げ、難解な言葉を避けてわかりやすく書いています。

　企画の初期段階で、弊社の丸山直子COOがテーマの選定をしてくれました。私にとって、初心者の目線や戸惑いは大昔の記憶の彼方であり、彼女のアドバイスは大変貴重なものでした。また、原稿のまとめ、スケジュール管理、校正などは私の優秀なアシスタントである安東智美がやってくれました。二人にこの場を借りてお礼を言いたいと思います。また、この本の出版を企画してくれた翔泳社の泉勝彦さん、斎藤澄人さんに心からお礼を申し上げます。

　私はこの原稿を赤城山麓にあるシンフォニーの森の小さなコテージで書きました。週末を執筆にあてることを快く許してくれた優しい家族に、そして私に商売の楽しさを教えてくれた亡き父に心から感謝を捧げます。

2014年初夏
シンフォニーマーケティング株式会社 代表取締役 庭山一郎

第1章 考え方のきほん　　7

1　マーケティングの定義　　8
　【コラム】コトラーを読むとつい眠くなるのですが……　　11
2　経営戦略とマーケティング戦略の関係　　12
　【コラム】「広報・宣伝」と「マーケティング」の違いって何ですか？　　15
3　マーケティングの4P　　16
　【コラム】マーケティングにはどんな種類があるの？　　19
4　マスマーケティング　　20
　【コラム】Webマーケティングって何なの？　　23
5　ダイレクトマーケティング　　24
　【コラム】データベースマーケティングについて教えて！　　27
6　ブランドとブランディング　　28
　【コラム】「無印良品」ってブランドなの？　　31
7　3つのブランド　　32
　【コラム】分野別:本当に強いブランドはここ！　　35
8　新規顧客・既存顧客　　36
　【コラム】ライフタイムバリュー（LTV）って何ですか？　　39
9　ランチェスター戦略　　40
　【コラム】小さな会社のマーケティングとは？　　43
　本気で読みたい！ブックガイド1　　44

第2章 重要なトピック　　47

1　マーケティングの基本戦略　　48
　【コラム】4Pから4Cへの進化とは？　　51
2　STP　　52
　【コラム】ミキハウスに見るSTPの成功例とは？　　55
3　セグメンテーション　　56
　【コラム】競合優位性について考えてみよう！　　59

contents

4	ターゲティング		60
	【コラム】会社の知名度を上げたいのですが……		63
5	ポジショニング		64
	【コラム】マーケティングにおけるデザインの役割って何？		67
6	目標設定		68
	【コラム】BtoBの場合、目標はどう設定すべきですか？		71
7	プロダクトポートフォリオマネジメント		72
	【コラム】我が社の売りって何だろう？		75
8	ソリューション戦略		76
	【コラム】ソリューション・非ソリューションで考えよう！		79
9	価格戦略		80
	【コラム】そうだったのか、マーチャンダイジング！		83
10	顧客獲得戦略（BtoC編）		84
	【コラム】BtoCの小さな店が勝つために……		87
11	顧客獲得戦略（BtoB編）		88
	【コラム】商品のファンを作りたいのですが		91
12	顧客管理		92
	【コラム】顧客データが宝の山になる!?		95
13	RFM分析		96
	【コラム】ポイントカードは有効ですか？		99
14	マーケティングにおけるWebサイトの役割		100
	【コラム】もしあなたがWebサイトのリニューアル担当者になったら……		103
15	メディアとしてのEメール活用法		104
	【コラム】アンケートをどう実施し、どう使うべきですか？		107
16	広告戦略		108
	【コラム】広告予算の目安と配分を教えてください		111
	本気で読みたい！ブックガイド2		112

第3章 | 現場での心得　　115

1	広告媒体・オンライン広告	116
	【コラム】ブログはマーケティングに使えますか？	119
2	セミナーの効果的な活用法	120
	【コラム】展示会で効果を上げる方法を教えて！	123
3	DM戦略	124
	【コラム】テレマーケティングって有効ですか？	127
4	CRM	128
	【コラム】SFA って何ですか？	131
5	営業部門との連携	132
	【コラム】顧客が本当に望んでいるものは？	135
6	費用対効果の可視化	136
	【コラム】効果測定はなぜ必要なのですか？	139
7	SWOT分析	140
	【コラム】競合のお店を分析する簡単な方法、教えます！	143
8	イノベーター理論	144
	【コラム】パレートの法則とロングテールって何ですか？	147
9	マーケティング担当者の役割	148
	【コラム】もしあなたが社長なら、どんなマーケティング部門を作る？	151
10	マーケティングの学び方	152
	【コラム】売上に繋がるマーケティングとは!?	155
	本気で読みたい！ブックガイド3	156

　　おすすめの本　　158
　　著者紹介　　162

1章

考え方のきほん

マーケティングに取り組むうえで
基本になる考え方や
企業の活動をまとめました。

考え方のきほん

マーケティングの定義 01

諸説ある「マーケティング」の定義

> グローバルな視野に立ち、顧客との相互理解を得ながら、公正な競争を通じて行う市場創造のための総合的活動である
> ― 日本マーケティング協会

> 社会活動のプロセスである。その中で個人やグループは、価値ある製品やサービスを作り出し、提供し、他者と自由に交換することによって必要なものや欲するものを手に入れる
> ― フィリップ・コトラー

> マーケティングの目的はセリングを必要なくすることである
> ― ピーター・ドラッカー

本書では……

売れる仕組みを創ること

マーケティングの定義には諸説ありますが、この本では「売れる仕組みを創ること」とします

　マーケティングの勉強を始めようとする人にとって、とても難解に感じるのが「マーケティングの定義」です。冗談のような話ですが、マーケティングで最も難しいのは「マーケティングの定義」かもしれません。それほど多くの定義があり、学者や団体が好き勝手に定義しています。しかも残念ながらマーケティングの現場にいる者にとってすっきりと腹に落ちる定義はありません。ですから個々の企業が自社の定義を作るしかないと考えています。

　ちなみに、日本マーケティング協会は

　「マーケティングとは、企業および他の組織がグローバルな視野に立ち、顧客との相互理解を得ながら、公正な競争を通じて行う市場創造のための総合的活動である」

と定義していますが、「市場創造のための総合的活動」と言われるとあまりにも曖昧過ぎて日頃の仕事のどれが含まれて、どれが含まれないかさっぱりわかりません。しかも日本に400万社以上存在すると言われている企業の中で「グローバルな視野」に立てる企業がいったいどれほどあるでしょうか？

　他の団体や学者の定義を以下にいくつか書き出してみます。

　「マーケティングとは、組織とステークホルダー両者にとって有益であるよう、顧客に向けて『価値』を創造・伝達・供給したり、顧客との関係性を構築したりするための、組織的な働きとその過程である」（米国マーケティング協会）

「マーケティングとは社会活動のプロセスである。その中で個人やグループは、価値ある製品やサービスを作り出し、提供し、他者と自由に交換することによって必要なものや欲するものを手に入れる」(フィリップ・コトラー)

「マーケティングの目的はセリング(単純販売活動)を必要なくすることである」(ピーター・ドラッカー)

このようにマーケティングの定義はあまりに曖昧なものです。私の会社では、以下のように独自の定義を決めています。

「マーケティングとは、売れる仕組みを創ること」

法人営業(**BtoB**※)の世界では実際に販売するのは営業部門であり、販売代理店の営業部門です。ですから「売るのは営業の仕事、売れる仕組みを創るのはマーケティングの仕事」という役割分担が必要となります。

本書では「売れる仕組みは何なのか？」「それを実際にどう創るのか？」を解説していきます。

※BtoBとは、企業同士(Business to Business)の取り引きのこと

> コトラーを読むと
> つい眠くなるのですが……

　「マーケティングの勉強をしようとコトラーの本を買ってきたけれど、読んでいるとついウトウト……」という方が案外多いようです。

　フィリップ・コトラーは、アメリカの名門ノースウェスタン大学のケロッグスクールの教授で、マーケティングの権威としておそらく最初に名前の挙がる一人だと思います。
　特に代表的な著作である『マーケティング・マネジメント』はまさにマーケティングの大百科事典と言える内容で、リサーチから製品開発、チャネル管理、広告、ブランド、販売管理、顧客管理、コミュニケーション、までを体系化して網羅し解説しています。
　このため欧米のビジネススクールのマーケティングの教科書に最も多く採用され、マーケターにとってはバイブル（聖書）のような存在にすらなっています。

　この本はマーケティングの百科事典です。どこから読み始めてもよく、必ずしも最初から順に読む必要はありません。目次を見てその時に興味のあるところを、気楽に少しずつ読めばよいと思います。
　ただし、あなたがもし学生なら本気で熟読することをお勧めします。少なくともマーケティングの概論を理解するうえでこれ以上の書籍はありません。
　また、2004年に出版された『コトラーのマーケティング戦略』（多田正行著・PHP刊）という本はコトラーを読み解くうえで非常に助けになると思います。是非参考にしてください。

考え方のきほん

経営戦略と マーケティング戦略の関係

02

マーケティング戦略の位置づけ

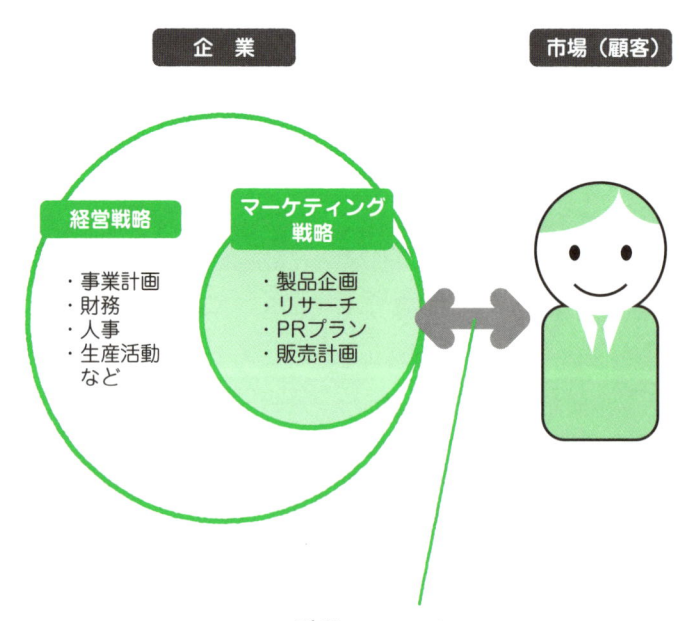

企業　　　　　　　　　市場（顧客）

経営戦略
・事業計画
・財務
・人事
・生産活動
など

マーケティング戦略
・製品企画
・リサーチ
・PRプラン
・販売計画

経営戦略の一部であるが
市場との関係に影響を与えるとても大事な要素

マーケティング戦略は経営戦略のひとつの要素ですが極めて重要で大きな要素です

　マーケティングの書籍や学者の論文を読んでいると、経営戦略とマーケティング戦略の境界が曖昧に感じることも多いと思います。では、経営戦略とマーケティング戦略は同じと考えてよいのでしょうか？　結論から言えばマーケティング戦略は経営戦略の中のひとつの要素ですから、

【経営戦略】＞【マーケティング戦略】

という関係です。
　前項でも書きましたがマーケティングとは「売れる仕組みを創ること」です。企業の目的が収益を上げることであるなら、その収益とは売上から経費を引いた残りですから、収益の原資は売上なのです。ですから「売れる仕組みを創る」というマーケティング戦略は経営戦略の中でも極めて重要で大きな要素です。

　ではなぜイコールではないのでしょうか？　例えば素晴らしい製品を作って販売しようとした場合を想定しましょう。その製品企画やそれに関連したリサーチ、販売予測、PRプラン、チャネル（販売代理店）の構築、販売計画などは「売れる仕組み創り」ですのでマーケティング戦略に入ります。一方、その工場を建設するための資金調達や、用地買収、建設計画、人材の採用や研修、組織計画などがマーケティング戦略に入るかといえば、やはり少し無理があります。これらは経営戦略の要素ではあってもマーケティング戦略の要素ではありません。

ではなぜ多くの学者や経営者がこの境界を曖昧に書いているかといえば、このマーケティング戦略を基準にして経営戦略を決めようという考え方が主流になっているからです。

　競争が激しくなり、生き残りを模索するなかで多くの企業はもっと市場を理解し、市場が求める製品やサービスを販売しようとします。そうなると市場、つまりマーケットと最も近くで向き合っているのはマーケティング部門であり、戦略なのです。

　日本でもマーケティングという仕事が見直され、多くの企業でマーケティングという名前が付けられた部門が創設され、ホームページのリニューアルなどの目的のひとつに必ず「マーケティングの強化」という言葉が見られるのはこうした理由からなのです。

　現実には日本の企業の中でのマーケティング部門の地位は、予算や権限から見るとまだまだ欧米のような「企業のコア（核）」と言えるレベルではありません。残念なことですが、販売成績の上がらなかった営業スタッフや、広告代理店と折合いが悪かった広報スタッフなどをマーケティング部門に配属している企業さえ見られます。

　日本の経営者が「最高の人材はマーケティング部門へ」と考えるようになった時こそ、日本のマーケティングが世界と肩を並べたと言えるかもしれません。

「広報・宣伝」と「マーケティング」の違いって何ですか？

　企業には「宣伝部」「広報部」「マーケティング部」といった名称の部門がありますが、これらの違いは何なのでしょうか。

　「広告・宣伝」も「PR」もマーケティングの重要な要素です。ですから教科書どおりに組織を作るならば、マーケティング本部の中に広告部とPR部と販促部がある、ということになるでしょうし、商品開発（R&D）部もこの中に入るかもしれません。代理店販売を担当するビジネス推進部なども入るでしょう。しかし、多くの企業ではそうはなっていません。なぜでしょう？

　BtoC企業の場合、商品開発を除けばマーケティングの要素の中で真っ先に必要になるのは広告です。新製品はマーケットに周知されなければ売れません。ですから広告・宣伝部門が必要になるのです。

　広告部は広告代理店との窓口の役割を果たします。広告以外のマスコミ対応を取り仕切る役割はPR部門が担います。PR会社との窓口と考えればわかりやすいでしょう。

　そしてマーケティング部門はというと、広告部門とPR部門はもう先にありますから、多くの場合、もっと営業寄りの販売促進を担当することになります。代理店網の構築や管理もこの中に入ることがありますし、直販であれば各営業所の後方支援が主な仕事になります。

　実務的には展示会、セミナー、商品カタログ、ユーザー会、顧客データ管理、Webサイト、メールマガジンなどが担当業務になります。これも、各事業部や営業本部の中に販売企画、営業推進などの名前の営業の後方支援部門があれば、そことの仕事の棲み分けをきちんと決めないと混乱します。

　いずれにしても、企業が成熟してくればマーケティング、広告、PR、販売促進、商品開発といったそれぞれのミッションと組織は整理されていくでしょう。

考え方のきほん

マーケティングの4P

「P」の頭文字ではじまる基本要素

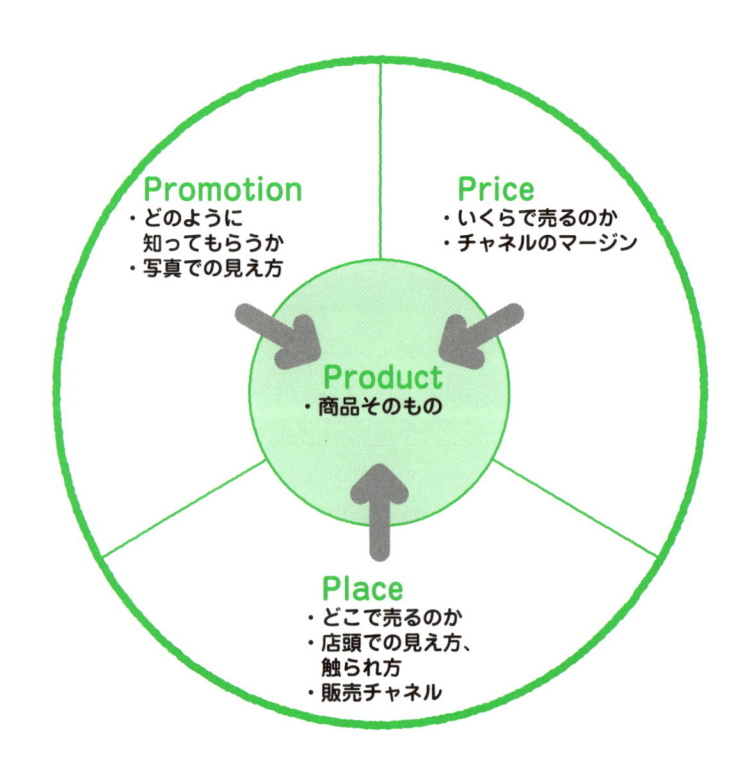

Promotion
・どのように知ってもらうか
・写真での見え方

Price
・いくらで売るのか
・チャネルのマージン

Product
・商品そのもの

Place
・どこで売るのか
・店頭での見え方、触られ方
・販売チャネル

製品（Product）、価格（Price）
流通（Place）、販促（Promotion）
この4要素を組み合せて考えましょう

　「4P」という言葉を聞いたことがあるでしょうか？ 4Pとは、製品（Product）、価格（Price）、流通（Place）、販促（Promotion）の4つの言葉の頭文字で、マーケティングをこの4つの要素に分解してそれぞれに対応しようという考え方です。

　1960年代前半にアメリカのジェリー・マッカーシーという経済学者がその著書の中で提唱しました。マーケティングという言葉はあまりに範囲が広いので、このようにいくつかに要素分解してそれを組み合せないと実際には使えないのです。この4つの要素を組み合わせることを**「マーケティングミックス」**と呼びます。

　マーケットのニーズに対応した「製品」を開発し、最適な「価格」を設定し、適切で効率的な「流通網」を構築し、マーケットに対して効果的な「プロモーション」を展開することがマーケティング担当者の使命である、とする考え方です。

　それぞれを簡単に説明しましょう。

【製品（Product）】

　これにはサービスやアフターメンテナンスも含まれます。マーケットから見て魅力的な製品・サービスでなければ売れません。自社の製品・サービスを常にチェックすることは非常に重要です。

【価格（Price）】

　80ページでも書いていますが価格、つまり値決めは非常に重要な経営課

題です。価格優位性は販売の現場で強い意味を持ちます。高い価格をつけてさっぱり売れないこともありますし、安く設定しても想定したほど大量に売れず経費倒れで赤字になることもあります。価格設定はそれほど難しい作業です。

　ハイテク産業向けのセラミックパッケージや、人工宝石や携帯電話、プリンターなどマーケティング面でも卓越したセンスを発揮している京セラの創業者稲盛名誉会長は「値決めは経営」と喝破して経営者の最重要課題のひとつに挙げています。

【流通（Place）】

　直販で売るか、代理店に売ってもらうか、カタログ通販で売るか、オンライン通販で売るか、つまりどういう流通経路で顧客に製品・サービスを届けることが最も適切かを考えることです。私は順番から言えばこの「Place」が「Price」より先だと考えています。

　なぜなら流通を先に決めないと価格設定ができないからです。流通チャネルに十分な収益が落ちなければ彼らは積極的に売ろうとは考えないでしょう。

【販促（Promotion）】

　この中には広報やPRも含まれますが、悲しいことにこうしたプロモーション活動だけがマーケティング担当者の仕事だと勘違いしている人も多いのです。イベント、キャンペーン、セミナー集客、Webサイト、メルマガ、DMの制作と発送、プレスリリース、そしてカタログやパンフレットの制作管理など本当にこの「Promotion」関係だけでも多くの仕事があるのですが、これらはマーケティングの中のひとつの要素だと理解して仕事を進めることが重要でしょう。

マーケティングにはどんな種類があるの？

書店に行くと『○○○マーケティング入門』といったさまざまな種類の書籍が並んでいます。マーケティングには呆れるほど多くの「種類」と「呼び方」が存在し、マーケティングを始める人を混乱させています。

私の専門のデータベースマーケティングも「One to Oneマーケティング」「インテグレートマーケティング」「インタラクティブマーケティング」など多くの呼び方があり、それぞれ少しずつ定義が異なり閉口してしまいます。

でもあまり気にしないでください。すべてを覚える必要はありません。犬を飼うのにすべての犬種を覚える必要がないのと同じです。ただ、もしあなたが犬を飼うなら自分の欲しい犬種の名前とその特徴などはしっかり覚えないと、良い子犬を見分けることも、犬種に合った食餌を与えて健康に育てることもできません。ですから自分に関係ありそうなところだけをしっかり覚えましょう。

◇狙うマーケットによる種類

「BtoBマーケティング」「BtoCマーケティング」「富裕層マーケティング」
「アンチエイジングマーケティング」「F3マーケティング」

◇使うコミュニケーションチャネルによる種類

「マスマーケティング」「ダイレクトマーケティング」「Webマーケティング」
「メールマーケティング」「テレマーケティング」「口コミマーケティング」

◇手法による種類

「インテグレートマーケティング」「クロスメディアマーケティング」
「マルチレベルマーケティング」

◇その他の種類

「ソーシャルマーケティング」

考え方のきほん

マスマーケティング
04

マスマーケティングの情報展開

マス媒体：TV、新聞、雑誌、折込チラシ、ラジオ

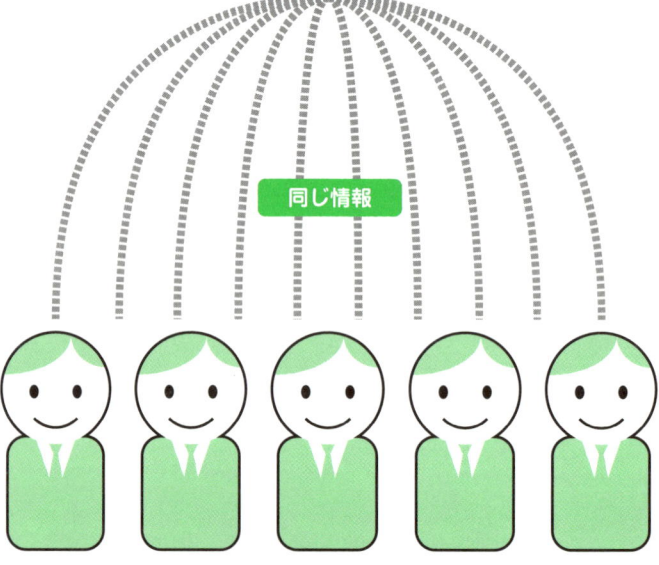

同じ情報

不特定多数に同じ情報を流す

不特定多数のマーケットに対して有効な、マスメディアを使ったマーケティングのこと

　みなさんは一度くらい「マスマーケティング」という言葉を耳にしたことがあるでしょう。マスマーケティングとは、基本的にはマスメディアを使ったマーケティングのことを指します。「マス」つまり大衆をターゲットにしたマーケティングという意味がありますが、では**BtoC**※と同義かといえばそうではありません。マスという言葉が「マスメディア」と連動しているからです。つまり、マスマーケティングはマスメディア（新聞・雑誌・折込チラシ・テレビ・ラジオなど）を使って不特定多数にアプローチするマーケティングのことと考えればよいでしょう。

　一般的にコミュニケーションのコストが最も高いメディアはテレビだと言われています。確かに媒体費用からコマーシャルの制作費まで含めると数億円の予算が必要ですから高いのですが、情報を伝えたいターゲット一人に対するコミュニケーションコストで算出すると、情報を見た数百万人でコストを割ることになりますから実はどのメディアよりも安い単価になります。
　ですから一般消費財のようにターゲットを特定できない場合はこのマスマーケティングが非常に有効です。

　例えば私がひとりでテレビを見ている時にも「寄せて上げて」というブラジャーのCMが流れます。当然私はブラジャーを購入したこともないし、おそらく今後も買うことはないと思います。ですからこのCMは私にとってはノイズ、つまり無駄な情報です。しかし、ブラジャーメーカーの立場になって考えれば1億2,700万人の日本人の中で「寄せて上げられるブラジャー」

に関心がある人のデータベースなんて存在しませんし、もしあってもきっとダイレクトメールやテレマーケティングでアプローチするにはあまりに多い数なのだと思います。したがってこの膨大なターゲットに漏れなく製品情報を知ってもらうにはシャワーのようにテレビなどのマスメディアで情報を流すことが最も効率的で、私のようなターゲット外の人にノイズを発生させることも計算の内、というわけなのです。

　引越し業界で大手になったアート引越センター、アサヒビールのスーパードライ、缶コーヒーのジョージア、資生堂のTSUBAKIなど、テレビCMを中心としたキャンペーンで一気にブランドを創った事例は枚挙にいとまがありません。

※BtoCとは、企業（Business）と一般消費者（Consumer）の取り引きのこと

Webマーケティングって何なの？

　Webマーケティングとはインターネットを使ったマーケティングの総称と考えればよいと思います。「オンラインマーケティング」「ネットマーケティング」「イーマーケティング」と基本的には同じです。
　ただ「Web」とありますから基本的にはWebサイトをベースにして、そこで商品を見たり選んだり注文したり、利用したりできるものをさします。
　書店のAmazon、デジタル音楽配信のiTunesなどが典型です。楽天市場のようにインターネット上の商店をたくさん集めたオンライン商店街の事例もあればYahoo! JAPAN、eBay、DeNAのようにオンラインでオークションを展開して成功した例もあります。

　BtoBでもインターネットでの取引が増えてきました。カタログ通販のアスクルのWebサイトからの注文率は毎年上昇を続けています。Dellはオンラインだけでパソコンのシェア世界一になりました。今では鉄やアルミ、プラスチック金型などもWebサイトを使って入札をするようになっていますし、それで劇的に仕入れ原価を下げた事例もあります。マーケティングが最適化されると購買者（調達者）にもメリットがあるという好例です。

　ビジネスホテルでWebサイトを持たないところは予約を集めるのに苦労しているはずです。なぜなら同じ街のビジネスホテルがネット上で予約を集めているからです。出張する時に宿泊先をインターネットで検索する人にとってWebサイトがないということは存在しないのと同じことです。知らないうちに顧客をとられて気がつかないことも多いのです。
　インターネットは規模に関わらず、たとえ中小零細規模の会社でも素晴らしいビジネスチャンスをもたらします。もちろんそのチャンスは真剣に勉強した人だけにしか見えません。

考え方のきほん

ダイレクトマーケティング

ダイレクトマーケティングの情報展開

ダイレクトメディア：DM、Fax、Tel、Eメール

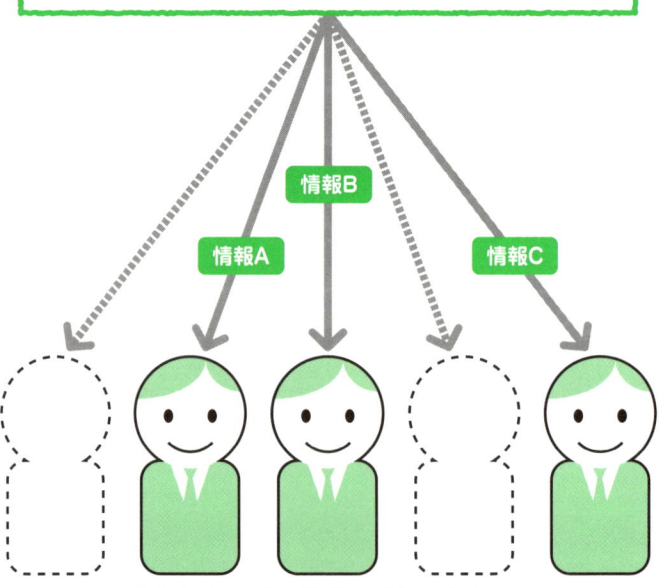

情報A　情報B　情報C

特定多数(少数)に最適な情報を直接届ける

ダイレクトメディアを使って特定多数にアプローチするマーケティングのこと

「ダイレクトマーケティング」とはDM（ダイレクトメール）を使っての販売促進のことだと勘違いされている方がいますが、そうではありません。「ダイレクトマーケティング」とは、前節で紹介したマスマーケティングの反対の概念のことです。

マスマーケティングがマスメディア（新聞・雑誌・折込チラシ・テレビ・ラジオなど）を使って不特定多数にアプローチするマーケティングのことですから、その反対語であるダイレクトマーケティングはダイレクトメディア（DM・Fax・Tel・Eメールなど）を使って特定多数（少数の場合もあり）にアプローチするマーケティングと考えればよいでしょう。

化粧品のエイボンや清掃器具のダスキン、昔ながらの富山の置き薬などの訪問販売もこのカテゴリーに入りますが、この場合は訪問する販売員自身や持参するカタログをメディアと位置づけています。また通信販売もダイレクトマーケティングの大きなカテゴリーのひとつで、古い歴史を持つ米国のシアーズや、現代のL.L.Bean、ランズエンド、千趣会などが代表選手です。また書店やテレビなどのマスとコールセンターを組み合わせたカタログハウス（通販生活）や、テレビショッピングではジャパネットたかた、ショップチャンネルなどもあれば、インターネットの特性を活かしたオンライン通販のAmazonや、Apple社のiTunes Storeなど、まさに百花繚乱で大きな革新を続けています。

上記のような消費者を対象としたBtoCと呼ばれる世界だけでなく、BtoBと呼ばれる法人営業でもダイレクトマーケティングは大きな存在で

す。法人営業の多くはメーカーから卸売り業者、そこからエンドユーザーという形の流通チャネルを形成しますが、メーカーから直接エンドユーザーという販売形態が増えてきたのです。

　パソコンやPCサーバでは圧倒的なシェアを持つDellはこのダイレクトマーケティングの典型的な成功事例でしょう。日本における競合のNECや富士通、東芝などが旧来の販売チャネルに依存していたなかでダイレクト販売により中間マージンをカットし価格優位性を創り上げて日本の法人マーケットでもあっという間に大きなシェアを獲得しました。電話、Fax、ダイレクトメール、そしてインターネットとあらゆるダイレクトチャネルを総動員して価格優位性を訴求したマーケティングプランは見事でした。

　元々文具メーカーであるプラスの販売小売店として組織化されていたチャネルを使ったダイレクトマーケティングの成功事例がアスクルです。これも今では文具のカタログ通販という枠を越えて法人向けのオンラインビジネスとして成長しています。

　ちなみに、アメリカの大手ダイレクトマーケティングエージェンシーであるワンダーマン社の創立者であるレスター・ワンダーマンは「ダイレクトマーケティングの父」と呼ばれていますが、その理由は、ワンダーマンがダイレクトマーケティングの基礎を築くことに大きく貢献したからです。ワンダーマンがその著書の中で述べているとおり、ワンダーマン以前はダイレクトメールやカタログ通販などはポルノ雑誌などのいかがわしいビジネスで使われていたマイナーなマーケティング手法でした。それを金融や流通などの正統な産業に初めて採用させて大きな成果を上げたのがワンダーマン社であるという理由からです。

データベースマーケティングについて教えて！

　ダイレクトマーケティングはダイレクトメディア（DM・Fax・Tel・Eメールなど）を使って特定のターゲットにアプローチするマーケティングですが、この時に送付する顧客や見込み客の情報をデータベース管理すると何度も繰り返し使えたり、不達をメンテナンスしたり、配信拒否にきちんと対応できたりします。
　つまりダイレクトマーケティングの中でターゲットデータをデータベースで管理する手法をデータベースマーケティングと呼びます。

　ではデータベース化されないのはどんな時でしょうか？
　例えばリスト屋さんからDM配布用のリストをラベルで購入し、それを封筒に貼って一斉に発送すれば手元には発送先のリストは残りません。こうした手法はダイレクトマーケティングではありますがデータベース化していないのでデータベースマーケティングとは呼べないのです。
　上記のような手法を、あまり良くない表現かもしれませんが、私は「焼き畑式マーケティング」と呼んでいます。ジャングルの焼き畑のように次から次へとリストを買ってはDMを出しまくる手法には本来のダイレクトマーケティングの目指すべき「農耕型の育成プロセス」が存在しません。もちろんライフタイムバリュー（LTV：39ページ参照）など遠い話です。

　当然ですが、ターゲットデータを貯めるツールや方法はどうでもよいのです。エクセルでも構いませんし、紙でもきちんとインデックスを付けて検索可能な状態であれば立派なデータベースと言えるでしょう。
　300年前に当時世界最高のデータベースマーケティングを展開していたのは富山の薬売りたちです。我々の先祖は「大福帳」という名のデータベースを駆使して世界最高レベルの顧客管理を実現していたのです。

考え方のきほん

ブランドとブランディング

「顧客」「ブランド」「企業」3者の関係

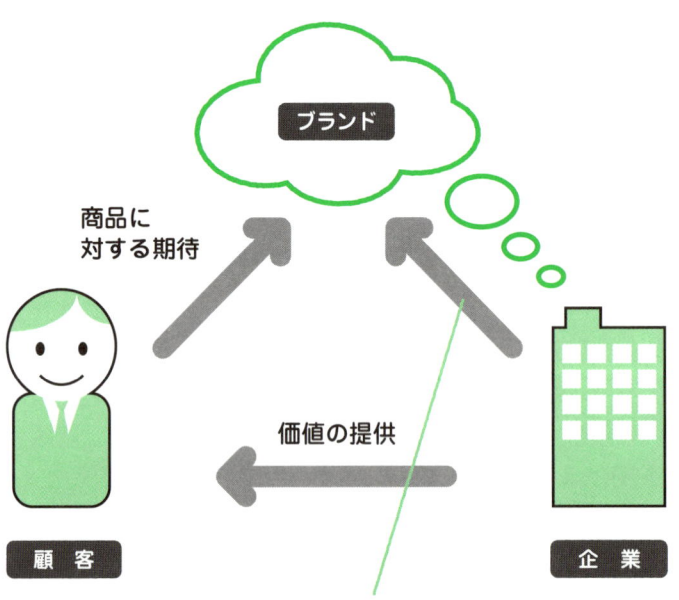

ブランド

商品に対する期待

価値の提供

顧客

企業

ブランディング
・広告・PRを行う
・お客様との約束を守る

- ブランドとは「提供する価値」を企業が約束すること
- ブランディングは、それを創る活動

「あの会社はブランドが強い」「この会社はブランディングが弱いから売れない」などとよく言われます。「ブランド」とは狭義では企業名や製品・サービス名のことであり、ターゲットマーケットでの知名度です。さらに本質的に掘り下げれば、企業がそのブランドによって約束する「提供する価値」ということもできるでしょう。

蚊取り線香と言えば日本人ならほとんどの人がキンチョウを思い出すでしょう。しかし渦巻き型の蚊取り線香はキンチョウブランド以外にも販売されています。ジンジャーエールといえばカナダドライの製品をイメージするでしょうし、コーラといえばコカ・コーラかペプシ・コーラを思い出す人が圧倒的に多いでしょう。ジンジャーエールもコーラも実は多くの会社がマーケットに製品を投入していますが、上記の会社が圧倒的なブランドを築いているためイメージもされないのです。

BtoBでも同じです。ERPソリューションは多くの企業が製品を持っていますが、やはり圧倒的にドイツに本社を置くSAPが強いブランドを持っています。データベースのマーケットではオラクルが、表計算やワープロなどのオフィスアプリケーションではMicrosoftが圧倒的なブランドを持っています。

こうした強いブランドを作るには宣伝広告での莫大な投資と、提供する製品やサービスで期待（約束）を裏切らないことの双方を長期間続けなければなりません。広告だけうまくても製品やサービスが期待を裏切ればブランドは強くはなれないのです。

「ブランディング」とは文字どおりブランドを創る働き・活動です。広告・宣伝やPRはもちろん重要ですし、何よりもお客様との約束を守るということの中でブランドが育っていくのです。

　世界で最も強いブランドを持ち、またブランドマネジメントに力を入れているウォルト・ディズニー社は「家族が安心して楽しめる」という「約束」を守るために「ディズニー」のブランドで作る映画の中身を厳しく制限しています。そしてこのコンセプトに外れる大人向けの映画を制作するためにわざわざ「タッチストーン」という別のブランドを作りました。約束を守るためには新たなブランドまで作るのです。このタッチストーンの初期の作品が大ヒットした『プリティ・ウーマン』です。

　ディズニーブランドはあくまで家族が安心して楽しめるファミリーエンターテイメントのブランドです。映画製作会社としてスタートしたこの会社は今ではテーマパーク、ホテル、ショップなどのファミリーエンターテイメントの巨大産業にまでなっています。

　もうひとつのブランドの大切な役割は、お客様との約束を守るという面で重要になる「採用」に関するブランディングです。新卒や中途採用志望者へのブランディングで成功し、就職人気ランキングで上位になれば多くの応募者の中から最も有能な人を選ぶことができます。

　ブランド論に関しては多くの素晴らしい書籍が出ています。何と言ってもデービッド・アーカーが有名ですが、スコット・デイビスや日本の小川孔輔、小出正三などもわかりやすい本を書いています。是非読んでみてください。

「無印良品」ってブランドなの？

ノーブランドという意味の"無印"を標榜している「無印良品」ですが、実に考えぬかれた非常に強いブランドといっていいでしょう。企業でも製品でもない、ソリューションがコンセプトとなっています。

「無印良品」は、西友という大手流通企業のプライベート・ブランドとして1980年にスタートしました。プライベート・ブランドとは、自社独自ブランドの製品のことです。大手量販店がその販売力を背景に生産ラインを確保し、メーカーから仕入れるよりも安く調達して独自ブランドで販売すれば「安く販売してもたっぷり儲かる」商材を作ることができます。

ほとんどの大手流通企業はプライベート・ブランドを持っていましたが、失敗した例が多かったように思います。プライベート・ブランドでコーラを販売しても、少し高い価格のコカ・コーラやペプシ・コーラを選ぶお客様が多かったのです。衣類も家電もその多くはうまくいきませんでした。

無印良品は最初からコンセプトを明確にして立ち上げました。それは「生活へのこだわり」です。生成りの色調、素材、安全性、洗練された無駄のないデザイン、そして安さ。「こだわり」は当時の西友を含む西武流通グループの枠組みを越えて大きく成長しました。食器や食品など40品目から始まった取り扱いアイテムも、現在では家具、家電、衣料品、自転車、文具と7,000品目を超え、海外にも「MUJI」というブランドの店舗網を展開しています。

無印良品は「生活にこだわり、高品質とハイセンスを低価格で」という価値をお客様と「約束」しました。それを大事に守ったことで素晴らしいブランドになったのです。

考え方のきほん

3つのブランド

07

それぞれのブランドの特徴

企業ブランド
企業名のブランド。特定分野において、企業名がどれだけ認知されているか、また信頼されているかというブランド

製品ブランド
製品名やサービスのブランド。特定のサービスや製品を探している人に名前がどれだけ浸透しているか、購買時に選ばれるかというブランド

ソリューションブランド
その会社や製品がどんな問題を解決してくれるか、また解決することが得意なのかというブランド

企業ブランドが強くても、ソリューションブランドが弱いと「名前はよく聞くが何をしている会社かわからない」と思われてしまう！

「企業」「製品」「ソリューション」ブランドを考える際にはこの3つの要素を考慮しましょう

　私はBtoBのマーケティングを考える時にブランドを「企業ブランド」と「製品ブランド」と「ソリューションブランド」の3つに分けて考えるようにしています。そうでないと「社名はよく聞くので知っているが、何をやっている会社かは知らない」というBtoBに多い問題を解決できないからです。それぞれ説明しましょう。

【企業ブランド】

　文字どおり企業名のブランドです。企業ブランドが強い企業は多いですね。コンピュータのIBM、システムのNEC、自動車のトヨタ、ファミリーエンターテイメントのディズニー、化粧品の資生堂、サプリメントのファンケルなどがこれにあたります。

【製品ブランド】

　製品やサービスのブランドです。企業ブランドよりも強い製品ブランドも数多く存在します。オフィスで働く女性にとってPost-itはそのメーカーの3Mよりもはるかに知られているでしょう。建築や店舗デザインの世界で働く人にはスコッチカルやパナグラフィックスという製品ブランドはやはりメーカーの3Mよりはるかに浸透しています。蚊取り線香のトップブランドであるキンチョーは誰でも知っていますが、その会社名が大日本除虫菊株式会社ということはあまり知られていません。進研ゼミも、ベネッセという企業名よりはるかに浸透しています。

【ソリューションブランド】

「ソリューション」とは「問題解決」という意味です。その会社や製品がどういう問題を解決してくれるのか、どういう問題を解決することが「得意」なのか、というブランドです。実はBtoBではこのソリューションブランドが弱いと新規営業がかなり苦戦します。顧客企業でも機会損失が多く、既にその会社に販売した製品やサービス以外の得意技を認知してもらえないと、自社でも扱っている製品やサービスを競合に奪われるケースが増えてきます。

「名前はよく聞くが、いったい何をしている会社なのだろう」「あの会社は何が得意でどんな時に助けてくれるかわからない」という企業は「企業ブランド」が高く、「ソリューションブランド」が低い企業だと考えたほうがよいでしょう。

では「ソリューションブランド」を強化するにはどうしたらよいでしょうか？

これはデータベースマーケティングの最も得意とするところなのです。ターゲットを特定して、「どんな問題を解決しているか」「どんな企業のどんな状況をどう変えたのか」などの事例を継続的に告知することで強化することができます。この時の効果測定のバロメーターはメールマガジンのクリック率、セミナーの集客、Webサイトからの資料請求などになるでしょう。

得意技がお客様から見えてくれば、「お宅が扱っているのならお宅から買ったのに……」という機会損失を最小にできるでしょう。

> 分野別：本当に強いブランドはここ！

　ブランドがあるカテゴリーの代名詞にまでなれば非常に強いと言えるでしょう。その代表例を紹介します。

【企業ブランド】
　コンピュータのIBM、ERPのSAP、自動車のトヨタ、AV機器のソニー、化粧品の資生堂、ファミリーエンターテイメントのディズニー

【製品ブランド】
　ビジネスソフトのOffice（Microsoft）、付箋紙のPost-it（3M）、携帯音楽プレーヤーのiPod（Apple）、求人サイトのリクナビ（リクルート）

【ソリューションブランド】
　オフィス用品のアスクル、価格比較サイトの価格.com、検索のGoogle、オンライン書籍販売のAmazon、旅行ガイドの『地球の歩き方』

　ソニーのウォークマンはAppleのiPod発売以前は携帯音楽プレーヤーの代名詞でした。「東芝のウォークマン」という言葉が違和感なく使われました。
　発泡性ワインであるシャンパンはシャンパーニュ地方で生産され、フランス政府が承認したものだけがシャンパンと名乗る資格があります。しかし我々は普通に「イタリア製のシャンパン」などと言っています。これはブランドがあるカテゴリーの代名詞になっている例です。

　ホームセキュリティのセコムが莫大な予算を投じて「セコム、してますか？」というコピーのCMを大量に流しています。これは「ホームセキュリティ」というカテゴリーで代名詞のポジションを取りにいく戦略的なメッセージです。セコムはホームセキュリティの代名詞になれるでしょうか？

考え方のきほん

新規顧客・既存顧客

08

企業の最も重要な資産は顧客情報

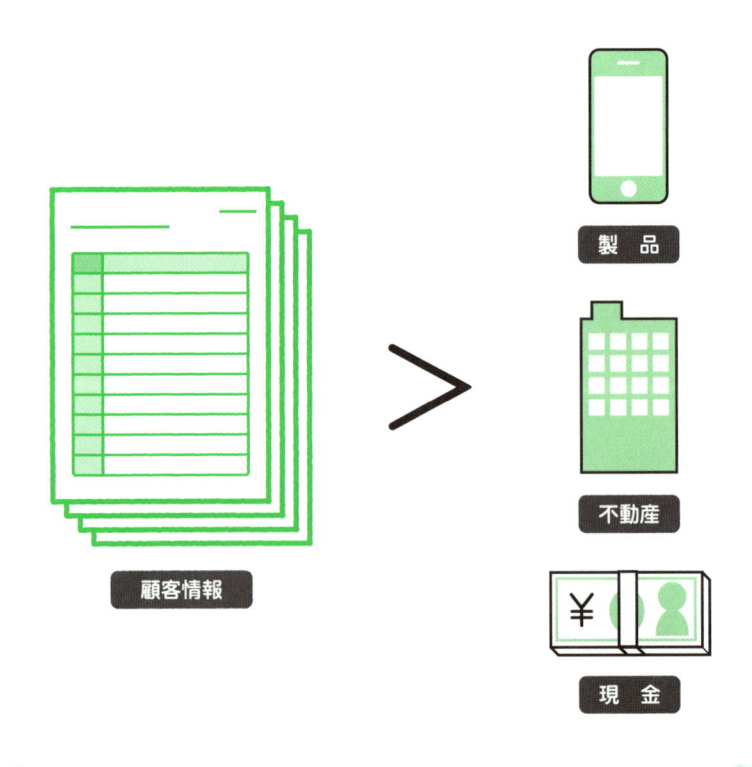

顧客情報 > 製品 / 不動産 / 現金

既存顧客を大切にしない日本企業は多い
顧客に見捨てられた企業は
たちまち倒産してしまう

「企業の最も重要な資産は顧客情報である」。これは40年以上も世界のマーケティングをリードしてきたセオドア・レビットの言葉です。

企業が存在できるか否かを決めるのは経営者でも株主でもなく「市場と顧客」なのです。顧客とはその企業にとっての存在基盤です。既に十分な知名度を持っている企業が毎年テレビコマーシャルに莫大な経費を掛ける理由は、顧客とのコミュニケーションコストなのです。顧客に見捨てられれば企業はたちまち倒産します。極めて強固に見えた企業が、顧客を裏切ったためにあっという間に消えていった事例は雪印やヒューザーを含めて枚挙にいとまがありません。

しかし、残念なことですが日本では既存顧客をあまり大事にしない企業もたくさんあります。それは企業の経費を見れば一目瞭然です。口では顧客を第一にと言っても既存顧客やマーケットとのコミュニケーションのための経費がどこにも計上されていない企業が多いのです。

新聞社は長年浮気もしないで忠実にひとつの新聞を購読し続けている既存顧客には見向きもしないで、浮気性で6ヶ月や3ヶ月単位で別の新聞に乗り換える人にせっせと洗剤やプロ野球の観戦チケットなどを贈っています。ロイヤルカスタマーだけが何の恩恵も受けないのです。日本には「釣った魚に餌はやらない」という悪しき慣習があります。長期継続の既存顧客は新聞社にとっては、まさに「釣れた魚」と映っているのかもしれません。

携帯電話も浮気性な人が優先的に良いサービスを受けられます。アメリカでは固定の長距離電話でディスカウント合戦が流行り、結局既存顧客の支持を失って弱体化していきました。

私がコンサルティングを行う時に、クライアント企業を理解するためにする最初の質問は「顧客は誰ですか？」というものです。誰が顧客なのか、その顧客は今何に困っていて、それをどんな手段で解決しようとしているのか、これを知らなくてビジネスはできません。

残念ながら社内にある顧客情報の多くは断片的なものです。ジグソーパズルのひとつやふたつのピースから絵の全体像を想像できる人はいないでしょう。いい加減に管理された顧客情報の断片は、間違った経営判断の材料にしかなりません。顧客が望んでいるから、という理由で開発された製品や追加された機能を、望んでいるはずの顧客が見向きもしない、という話はどの企業でもある話です。

レビット博士の提言のように顧客情報が「企業の最も重要な資産」であるならば、他の資産のような詳細な資産台帳や毎年の棚卸しを行ってもいいはずです。残念ながら、最も重要なはずの顧客情報に在庫管理と同等の予算や人員を割いている企業はまだまだ少ないのです。

ライフタイムバリュー(LTV)って何ですか?

「顧客生涯価値」とも訳されるライフタイムバリュー(Life Time Value：以下LTV)はダイレクトマーケティングの根幹を成す考え方で、シェアに対する考え方の大転換です。

「シェア」とは「市場占有率」です。「市場」とは「ある年度」の「あるエリア」であることが普通です。例えば、富山県で昨年10万台の車が売れたとして、その中でトヨタ製の車が4万台あれば、昨年の富山県の自動車販売におけるトヨタのシェアは40%ということになります。自社のシェアを1%でも引き上げれば売上増を意味します。そのためにはマス戦略が有効なので、メーカーはテレビなどでコマーシャルを流し、ディーラーは地方紙に折込チラシを入れたり地方FMのスポンサーになったりします。

これに対してLTVは1人の人間、または1世帯を市場として捉えます。1人の人間が生まれてから死ぬまでに自動車関係に使うお金すべてを指します。高校卒業時に免許を取得し、中古車を買ってもらい、その後死ぬまでに8台の新車を購入し、25回の車検を受け、100本のタイヤと6個のバッテリーを購入し、保険に入り、自宅に車庫を作ったとします。これらのお金すべてが1人の人間の車関連のLTVです。

LTVのシェアはマスメディアでは獲得できません。その時々で変化する顧客の個別の状況を把握してアプローチする必要があり、そのためには顧客データベースが必要なのです。名前や職業だけでなく家族構成、趣味、住まいの状況、駐車場の有無などを入力して、検索可能な状態に管理しておけば、必要なコミュニケーションを実現できます。これが「データベースマーケティング」です。

こうすることによって家族でスキーを楽しむお客様には秋口にスキーキャリアとスタッドレスタイヤのキャンペーンをお知らせしたり、雪道に強いRVの新型車発売の際に折り込みチラシより先に告知できるのです。

考え方のきほん

ランチェスター戦略

弱者の戦略

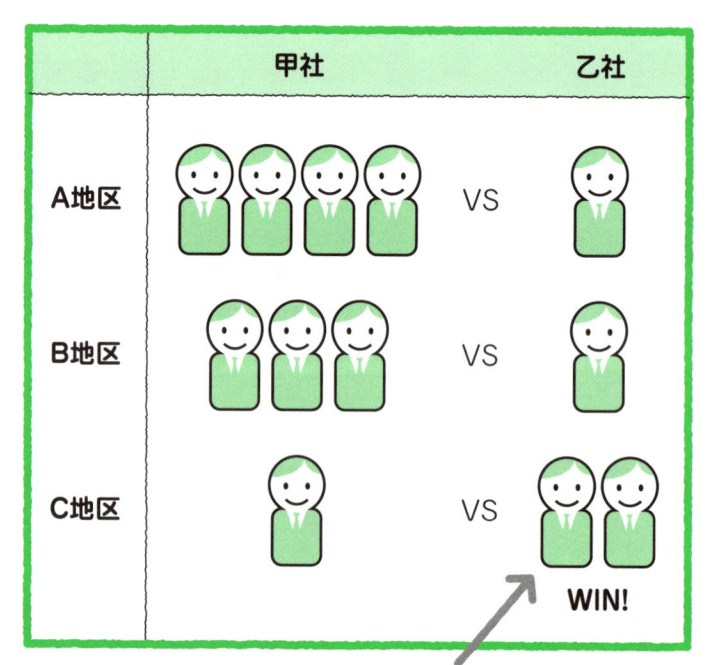

	甲社		乙社
A地区	👤👤👤👤	VS	👤
B地区	👤👤👤	VS	👤
C地区	👤	VS	👤👤 WIN!

数的に不利な乙社はC地区に人員を集中させ、局地的に勝利！

「弱者の戦略」と「強者の戦略」はマーケティングの世界に大きな影響を与えました

　フレデリック・ランチェスターは1868年生まれで第1次世界大戦の頃に活躍したイギリスの航空機のエンジニアでした。今ではマーケティングの第一人者のように言われていますが、意外なことに彼は終生マーケティングとはまったく縁のない人でした。

　「競争の法則」とも呼ばれるランチェスターが考案した法則は、軍事作戦の方程式としてアメリカやヨーロッパで普及しましたが、その後は軍事だけではなく経営戦略の方程式として広く普及しています。

　エンジニアだったランチェスターは戦争でイギリス軍の戦闘機がドイツ軍機との空中戦で撃墜されると、その墜落した残骸を詳しく調査しました。どこに何発の弾が命中したか、その飛行機は撃墜されるまでに何発の弾丸を発射したか、その空中戦は敵と味方の戦闘機の数の差はどのくらいだったのか……。単に飛行機の数だけでなく、飛行機に搭載されていた機銃の数も比較し、また機銃の口径（弾丸のサイズ）も比較の対象にしました。

　こうした空中戦の結果を詳しく調査するなかで、空中戦での戦闘機の損害を定量的に分析する手法を発見し、そこから戦いの法則を方程式に落とし込んで定理にまとめました。

　この理論は第2次世界大戦でアメリカ海軍がドイツのUボートがウヨウヨしている大西洋でイギリス向けに「必要な量の物資を届けるためには何隻の船団を組んで何隻の護衛軍艦を付けたらよいのか」という作戦計画に活用されました。

　第2次大戦後、ランチェスターの理論は軍事から経営戦略、特にマーケティングの理論として発展しました。

ランチェスター理論の最大の特徴は、「弱者の戦略」と「強者の戦略」という立場の異なる法則を持っている点です。
　例えば国内の販売員の総数では300対150という倍の差をつけられた飲料メーカーがあるとします。「弱者の戦略」の法則を使うと、150人の販売員しか持たない企業は、競合企業が25名の販売員を投入しているある地域に50名の販売員を集中投入します。するとその地域内での販売員の数では25対50という逆転の状態を瞬間的に作り出したことになります。
　織田信長は総兵力では25,000人対2,000人という圧倒的に不利な形勢にも関わらず、「局地で瞬間的に」互角以上の状況を作り出して日本の戦史史上稀な大勝利を収めました。「奇襲攻撃」は相手の隙をつくことで、瞬間的に有利な状況を作り、相手が対応する前に大きなダメージを与えることを目的としています。

　総合力で劣る弱者が、その力を分散させてしまったらますます勝つ可能性がなくなります。そこで、弱者は勝てる状況を探すか、自ら戦略的に勝てる状況を作り出すしかないのです。その理論を数学的に証明した人がランチェスターです。

小さな会社のマーケティングとは？

　先日、木製家具を製作している家族経営の小さな会社の相談を受けました。こうした小さな会社のマーケティングとはどうあるべきでしょうか？ 私の経験から言いますと小さい会社のマーケティングのほうが面白く、やり甲斐があり、成功の確率も高いです。

　なぜ小さい会社ほど有利なのでしょうか？ それは小さな会社は専門特化できるからです。今は「総合」と名の付く業種が軒並み苦戦し、顧客を失っています。総合建設業は道路や橋から木造住宅、鉄骨住宅、鉄筋コンクリートのマンションやオフィスビルまで何でも作ります。でも現実は木造住宅が欲しい人は木造住宅の専門メーカーか実績のある工務店に頼みます。鉄骨ヘーベルのアパートが建てたい人はアパート専門の業者に、橋は橋梁工事の専門業者が請け負うことが多くなりました。「何でもできる」ことは「何が得意かわからない」と同義語なのです。

　小さな家具メーカーが大手と同じようにベッドから机、洋服ダンスなどを、それも高級品から廉価版までフルラインで揃えようと思えば勝ち目はありません。しかし、小さな会社は例えば机だけに絞ることができます。それも無垢材を使った本物志向の何十年も使える製品に絞ることが可能です。

　イタリアで小さな家具工房を見学したことがあります。素晴らしいデザインのシステムキッチンや洋服ダンスを作っていましたが、これは完成したらアメリカに送る、これはイギリス、あそこのシステムキッチンは来月日本に発送する、と世界中から注文が来ていました。

　マーケティングに関しては小さい方が圧倒的に有利です。この本の52ページにある「STP」を参考にして、あなたの会社がターゲティングすべきセグメントを探し出し、そこで勝てるポジショニングを確立してください。

考え方のきほん

徹底した顧客目線で
世界最強の金融情報サービス企業を築く
●メディア界に旋風を起こす男　ブルームバーグ

概要

急成長している金融情報サービス会社、ブルームバーグ社を創設しメディア界で成功した氏の自伝。ベンチャー精神や独創的な経営戦略の秘訣を心底から語り明かす。

マイケル・ブルームバーグ著
荒木　則之監訳
東洋経済新報社
1997年11月刊行

目次

第1章	最後の晩餐―タリータウン、1981年
第2章	私にとっての資本主義
第3章	月曜日が待ち遠しい
第4章	やればできる
第5章	「ダメ」は答のうちに入らない
第6章	利益は何を語るか
第7章	初心者のためのコンピューター
第8章	マネジメントの基礎
第9章	次に何が来るか
第10章	職場を離れて
第11章	富、英知、仕事

本気で
読みたい！1
ブックガイド

　創業者のマイケル・ブルームバーグがソロモンブラザーズをクビになった時、米国には金融会社に情報を提供する企業は既に複数存在し、それぞれの顧客をがっちり囲い込んでいました。ウォールストリートジャーナル、ダウジョーンズ、メリルリンチなどです。その中で最後発のブルームバーグは、自分が証券会社のディーリングルームで働いた経験を活かして、「どんな情報」を「どういう状態」で「どんな端末」で見たいのかをとことん追求し、それを製品とサービスにまとめました。

　このファイナンス業界に特化したワークステーションシステムの最初の受注は業界最大手のメリルリンチ、しかも競合は社内SIチームでした。未だできてもいないシステムを6ヶ月後には納品するというかなりリスキーな条件で受注したこの製品が後のブルームバーグ帝国を築く第一歩となり、最初の小ロットの納品から間もなくメリルリンチの全社システムに採用され、やがて金融業界のデファクトスタンダードになっていきます。

　さらに、ブルームバーグは「情報」という商材の可能性を感じ、自らファイナンスに関するオンラインメディアを立ち上げ、これも大成功させます。ブルームバーグ端末のインターフェースはいくつかのブロックから構成されていますが、ユーザーはそこに自分のお気に入りの野球やバスケットボールチームのスコアをリアルタイム表示させるよう設定できます。ウォール街で働く人の心理を理解しているからこそのサービスです。

　こうした、ユーザーが欲しい機能とサービスを商品化し、強力に顧客をグリップして、競合に勝ち抜き、競合から顧客を奪って、世界最強の金融情報サービス企業へと急成長していきます。創業者のブルームバーグ自身も全米を代表する資産家になり、やがてNY市長にまで登りつめるのです。数ある金融情報メディアの中でブルームバーグがどうやって圧倒的なシェアを築くことができたのか、その顧客目線とは何から来るものなのか？　を教えてくれる一冊です。

2章 重要なトピック

自社のビジネスを正しく分析し、
業績を上げるために
必要な戦略について学びましょう。

重要なトピック

マーケティングの基本戦略
01

BtoCとBtoBの基本戦略の違い

BtoCの場合

新規顧客の開拓	＋	既存顧客のリピート促進
カスタマークリエーション		カスタマーリテンション

ターゲット別に2つのプランを準備

BtoBの場合

- 見込み客データの収集
  リードジェネレーション
- 見込み客データの絞り込み
  リードナーチャリング＆クオリフィケーション
- 見込み客への販売
  リードトゥオーダー
- 継続購買・取引の拡大
  リピート＆クロスセリング

4つのフェーズでそれぞれに戦略を

- BtoCなら新規顧客と
  リピーター向けの2軸を中心に
- BtoBではもう少し複雑です

　初めてマーケティング担当者になった方から「何から手を付けていいのかわからない」と相談を受けることがあります。そんな時には、まず基本戦略をまとめるといいでしょう。

　マーケティングというと範囲が広く、商品開発や価格設定、生産計画、流通チャネル、プロモーション、そして販売管理や顧客管理まで含まれます。つまり、まったくの新規事業の場合の基本戦略なら教科書どおりに「STP」（52ページ参照）からしっかりと定義し、4Pと4C（51ページ参照）へと進み、コミュニケーションの戦略まで落とし込まなくてはなりません。

　しかし、実際はまったくの新規事業や、海外からの新規参入でもない限り白紙の状態からのプランニングはありません。多くの場合は売る商品（製品・サービス）もその販売価格も、販売エリアも、売上目標までもが決まった状態でマーケティングを立案します。こうした場合のマーケティング戦略はそれほど複雑ではありません。

　小売店や飲食店、サービス業などのBtoCの場合は新規顧客を開拓する「カスタマークリエーション」と、獲得した顧客に繰り返し利用してもらう「カスタマーリテンション」の2軸で計画すればよいでしょう。この2つは個別のプランが必要になります。顧客とマーケットという別のターゲットに対しないといけませんから、発信するメッセージもメディアも手法も異なるからです。

　つまり「いかに新規顧客を集めるか」という戦略と、「いかに繰り返しご利用いただくか」、つまり常連さんになっていただくか、という2つの戦略があればよいのです。

IT や産業機械、製造業などの BtoB であればもう少し複雑になります。

いかにして見込み客データを収集するか、という「リードジェネレーション」と、いかにして見込み客を啓蒙・育成し、有望見込み客へ絞り込むかという「リードナーチャリング＆クオリフィケーション」と、いかにして販売するかという「リードトゥオーダー」と、契約して顧客となった企業のデータをキチンと管理してクロスセル、アップセルをかけていく「リピート＆クロスセリング」という4つのフェーズでそれぞれ戦略を立てる必要があるからです。

BtoB の場合、この4つのどれひとつ欠けても全体の成果は出ません。若干の強い、弱いはあっても、基本的に4つにそれぞれ適切な手段が用意されていなければ、そこがクラック（亀裂）となり、後工程は成果を出せません。

私はこれを箱根の駅伝に例えますが、いくら素晴らしい走者を揃えても、どれかひとつの区間でタスキが途切れてしまえば失格となり、後の走者は意味を成しません。多くの企業は今このタスキが途切れた状態にあります。ですからこの亀裂を発見して補修し、4つの工程を有機的に繋げることが成功の鍵なのです。

BtoC、BtoB のいずれにしてもこの要素をしっかり踏まえてマーケティング戦略を立案すればよいでしょう。

4Pから4Cへの進化とは？

「4Pから4Cへ」という言葉はマーケティングの判断基準の転換を指しています。今まで「売る側」の論理だけで考えられてきた仕組みを「買う側」の視点でとらえ直そうとするものです。4Cとはロバート・ラウターボーンというアメリカの経済学者が提唱した4Pに対応した新しい概念です。

4P	4C
製品（Product）	から **顧客価値（Customer Value）** へ
価格（Price）	から **顧客にとっての経費（Cost）** へ
流通（Place）	から **顧客利便性（Convenience）** へ
販促（Promotion）	から **顧客とのコミュニケーション（Communication）** へ

ジェローム・マッカーシーが4Pを提唱したのは1960年代の初めですから、もう50年前のフレームワークです。この間、欧米などの先進国では消費も変化し、企業の購入プロセスも大きく変化しました。中でも最も進化したのは「より顧客の視点で」という考え方で、顧客の利便性を徹底的に追求したものが大きく発展しました。これはマーケティングの進化なのです。

つまり「マーケティングの判断基準をマーケットに置く」という原点回帰の時代になったということです。

重要なトピック

STP

02

STPのステップ

セグメンテーション
市場を細分化する

ターゲティング
フォーカスすべき市場を決める

ポジショニング
自社のポジションを明確にし、理解してもらう

同じ土俵で勝てないなら「勝てる土俵を作ってしまう」STPで発想を転換しましょう

　東京近郊の小さなペットショップ経営者の方から相談を受けたことがあります。「大規模ショップが近くに出店するので、どう生き残ったらいいか悩んでいます。マーケティングが突破口のような気がしていますが、具体的にどう考えたらいいかわかりません。教えてください」というものでした。
　大型店の出店で顧客を奪われることは死活問題です。しかし日本は自由経済の国ですから相手が法律を破らない限り出店を止める手段はありません。それよりもマーケティングです。マーケティングには大型店の出店攻勢さえも自分の武器に変えてしまう力があります。

　マーケティングとは「売れる仕組みを考えること」です。悲観的にならずに楽しんで考えましょう。ちょうどマーケティングの権威であるフィリップ・コトラー博士のまとめた**S（セグメンテーション）・T（ターゲティング）・P（ポジショニング）**がわかりやすいので、それに沿って説明しましょう。
　これは、勝てない相手が出現した時にこちらが「エッジを立てて勝てる土俵を作ってしまう」という戦略です。特に圧倒的に規模の大きい相手と同じ土俵で戦ったらまず勝ち目はありません。大きな駐車場、広い売り場に、溢れるほどの商品、そして巨額な広告宣伝費、同じ土俵にいる限り押しつぶされることは目に見えています。だから勝てる土俵を作らなければなりません。

　これは、まずマーケット（市場）をさまざまな角度で細かく分類（セグメンテーション）して、そこから自社が勝てる土俵を見つけることから始まります。「今の競合のサービスに不満を持っている」、「解決されない困りごとを

抱えている」、「競合が見逃している」、そういう集団を見つけ出す作業がこのセグメンテーションです。

　細かくセグメンテーションしたら、次にその中から「フォーカスすべきターゲット」を決定します。これが2番目のターゲティングです。

　これを決めるには事前に自社の商材やサービスなどの分析をして強み・弱みを整理しておく必要があります。多くの場合、自社の強みや弱みは理解しています。言葉として整理し、企業の統一見解としてオーソライズされていないだけですから、それほど時間の掛かる作業ではありません。この作業には**SWOT分析**などが役に立つでしょう。セグメントの中からフォーカスするターゲットを選定したら、いよいよ次にポジショニングを行います。

　これは選定したターゲットセグメントに対して、自社のポジションを明確に伝えることで、そのターゲットに自分の店を選択することがいかに合理的かを理解してもらうのです。

　では次節から「S（セグメンテーション）・T（ターゲティング）・P（ポジショニング）」を見ていきましょう。

ミキハウスに見るSTPの成功例とは？

1982年、学生だった私はマーケティング研究会を作り、子供服業界について調査を始めました。少子化の流れの中、マーケットは今後縮小するといわれた業界で、1社だけ急成長していたのがミキハウスでした。

高感度なファッションビルや高級百貨店への出店戦略、オープンで什器の高さを抑えて見通しを良くした店舗デザイン、照明器具には蛍光灯ではなく高級ブティックと同じハロゲンのダウンライトを使用。ほかの子供服店とは比較にならない客単価、真っ赤なロゴは大人が身に付けても十分に似合う高い完成度があり、明確でハイセンスなメッセージを発信していました。何もかも競合の子供服メーカーとは違っていました。

店頭で観察すると、ターゲットは親ではなく祖父母であると感じました。祖父母が孫にギフトとして買っている姿が多かったのです。ギフトニーズに対応するために箱や包装紙にも工夫が見られました。メッセージも、祖父母を意識し、孫の「安全・健康」といったコンセプトを広告で表現していました。

「マーケティングとは、勢いを失った産業の中にいてさえ急成長できるパワーを持っている」。この体験から私はマーケティングを自分の一生涯の仕事にしようと考えました。

【ミキハウスのS（セグメンテーション）】
子供服とギフトマーケットを細分化、特に両親以外のニーズに注目した

【ミキハウスのT（ターゲティング）】
少子化社会での祖父母、親戚や友人からのギフトニーズに注目した。ギフトマーケットと子供服マーケットを重ねて、新しいマーケットを創造した

【ミキハウスのP（ポジショニング）】
祖父母を中心としたギフト需要に、ロゴ、店舗デザイン、マーチャンダイジングなどすべてをフォーカスし、情報を発信した

重要なトピック

セグメンテーション

ペットショップ出店のセグメンテーション例

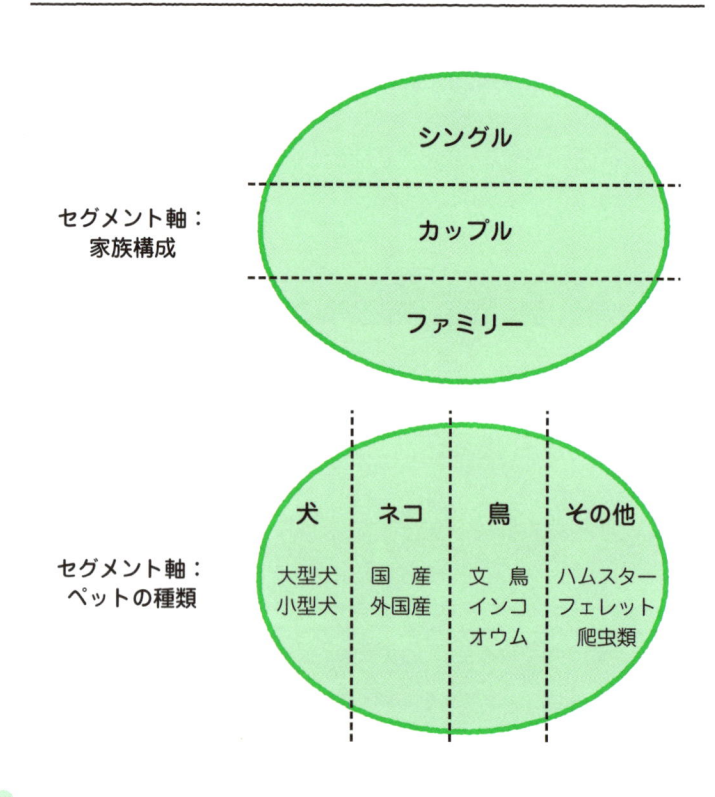

セグメント軸：家族構成

- シングル
- カップル
- ファミリー

セグメント軸：ペットの種類

犬	ネコ	鳥	その他
大型犬 小型犬	国産 外国産	文鳥 インコ オウム	ハムスター フェレット 爬虫類

年齢、性別、所得、趣味、行動など
ターゲットを細分化していくと
新たなビジネスチャンスが見えてきます

　セグメントとは「分類されたかたまり」を意味する言葉で、マーケターにとっては「マーケットをある特徴で分類した集団」という意味になります。そしてセグメントに分ける、つまり分類する行為をセグメンテーションと言います。
　セグメンテーションの方法としては、年齢、性別、職種、地域、趣味、所得、家族構成などがあります。この他に「あるものに興味を持った」という「行動データ」を基にしたセグメンテーションの方法もあります。

　例えば、健康食品を購入したセグメンテーションは健康に興味があり、さまざまな健康食品を試す傾向にあります。ダイエット食品を購入したセグメントは「ダイエット」というキーワードに反応し、食品やプログラムを次々と試してはダイエットマーケットに莫大な収益をもたらしています。
　大流行した「ビリーズブートキャンプ」を支持したのはダイエット食品を次々に試した後で「やはり体を動かさない楽なダイエットは効果が出ない」と考えていたセグメントでした。つまり「楽して痩せる」ことに疑問と罪悪感を持っていた人にとっては軍隊式のハードなプログラムは最高のダイエットプログラムだったのです。ダイエットという巨大なマーケットでさえ、まだまだ細分化してセグメンテーションすればいくらでもヒット商品を生み出すことができるのです。

　BtoBでもセグメンテーションは可能です。人材紹介会社の営業は求人広告を熱心に見ています。求人広告を出している企業は社員を採用したいと考えていますから人材紹介のビジネスチャンスがあるとセグメンテーショ

ンでき、求人している職種を見ればどんな人を求めているかまでわかりますから、そういう人が紹介リストに登録されていればすぐに決まる可能性が高いのです。経理で即戦力が欲しい企業、営業マネージャーが欲しい企業、Javaのエンジニアが欲しい企業など、採用意欲の高い企業をさらに欲しい人材でセグメンテーションして営業するということを彼らは自然にやっています。

　さらに人が増えればパソコンやコピー機なども増やしますから、これらの業種の営業も求人広告に目を光らせていますし、人が増えればオフィスが手狭になりますから、オフィス賃貸の不動産業界も目を光らせています。つまり積極的に求人している企業というセグメントは多くの業種にとって非常に魅力的なセグメントなのです。

　細かくセグメンテーションすればするほど、そこにはどんな商品・サービスが売れるのかが明確に見えてきます。
　マーケットを大きく見なければならない場合もありますが、多くの場合はむしろ細分化して見なければならないことのほうが多いのです。

競合優位性について考えてみよう！

　企業の経営戦略の中での「競合優位性」というと、社員の質であり、資金や原料の調達力であり、販売ネットワークであり、技術力や採用力でありと、非常に多くの要素が入ります。しかし、マーケティングにフォーカスして「競合優位性」を見るならばかなり単純です。ターゲットセグメントの企業や人々のニーズに対して最適な製品やサービスを持っているほうが優位なのです。

　ターゲットセグメントと自社の製品やサービスは、ジグソーパズルに似ています。パズルを埋めようと思えば、穴に最適のピースでなければはまりません。ひとつの穴に最適なのは、たったひとつのピースなのです。そのピースを持っている企業が絶対に優位です。

　これは簡単そうで難しい課題です。なぜならジグソーパズルの穴の正確な形状とサイズを知っていると同時に、手元にあるピースの形状とサイズを正確に知って、はじめてピッタリと合わせることができるからです。

　あなたの手元に「強力な下痢止め」があるとします。目の前には苦しそうにお腹をさすっている人がいます。でも下痢で苦しんでいるのか、便秘で苦しんでいるのかわかりません。あなたの薬を便秘の人に飲ませればひどいことになってしまいます。でもその人がもし下痢で苦しんでいるのなら、あなたは下剤を持っている人より、風邪薬を持っている人より、頭痛薬を持っている人より、競合優位性があります。それを相手にきちんと伝えるだけです。

　足が不自由で「できるだけ近い」という条件でクリーニング店を選ぶ人がいれば、隣にお店を開けば絶対的な優位性を作ることができます。もし競合店が勝とうと思えば、引き取りと配達を無料で行うしかありません。競合優位性とは狙っている市場、つまりターゲットセグメントに対しての強みなのです。

重要なトピック

ターゲティング 04

ペットショップ出店のターゲティング例

		犬　種		
		ゴールデン・レトリバー	トイ・プードル	ヨークシャーテリア
顧客	シングル男性	■	■	■
	シングル女性	■		■
	ファミリー	■	■	■

自社の強み
・トイプードルのブリーダー経験あり
・かわいい店内デザイン

ピースがはまるところを見つけ出そう！

自社の製品やサービスを最も必要としている顧客セグメントを選びましょう

「セグメンテーション」では、マーケットをいくつかの集団に分類する方法を紹介しました。今まで見えていなかったマーケットの姿が見えてきたのではないでしょうか。次は「ターゲティング」です。ジクゾーパズルの経験はありますか？ 細かいピースをはめて大きな絵を完成させるゲームですが、ターゲティングはこれに似ています。自分の得意技と分類したセグメントの知的なパズルがターゲティングなのです。

細かくセグメンテーションしたマーケットがジグソーパズルのボードなら、そこにはめ込むピースは自分の店の強みです。ですから、事前に自分の店の商材やサービスの分析をして強み・弱みを整理しておく必要があります。

敷地が広いというのは小売業では大きな強みになります。女性が車で来店する場合、狭くて停めにくい駐車場を敬遠する傾向があるからです。ゆったりレイアウトして停めやすい駐車場を作れば、それだけで差別化要因になるかもしれません。また、せっかくの敷地を駐車場ではなくドッグランにするアイデアもあるでしょう。もしあなたかパートナーが飲食業開店の資格を取得できればカフェを併設してもよいかもしれません。ドッグランで犬を遊ばせながらお茶を飲めればどんなに楽しいでしょう。

敷地は狭くてもトリミングの技術が高ければ、それも充分なエッジになります。獣医の資格を持っていたり、近所の獣医さんと連携できればそれも強みにできるでしょう。また特定の犬種などへの専門知識も充分な差別化要因です。

細分化したマーケットのどこで勝負すれば大型ショップと互角以上の勝負ができるかを考える楽しい作業です。

　お客様とこの作業をしていていつも思い出すのが、織田信長の桶狭間の合戦です。そこは狭い谷あいで大軍が得意とする包囲攻撃ができない地形でした。軍隊は移動していますから、25,000の今川軍に対して2,000の織田軍が勝てる土俵はある瞬間にしか出現しません。連戦連勝で祝勝気分にひたる今川軍が休息していた桶狭間こそが唯一の「勝てる土俵」だったのです。もし信長が「うつけ」を演じながら、領内の山や川、抜け道、大雨の時のぬかるみの深さ、川の深さや流れの速さなどをくまなく調べ上げ、今川軍と決戦して勝てる戦場を探していたとしたら、織田信長は世界の戦史に名を刻むべき戦略家と言ってよいでしょう。残念ながら信長がそうした目的で調査をしていたという資料は見つかってはいませんが……。
　しかし、10倍以上の今川軍を一瞬で打ち破った信長の史実は、たとえ相手がどんなに強大でも必ず「勝てる土俵」が存在することを教えてくれます。それを見つけ、また作り出すこともマーケティングの醍醐味なのです。

　さぁ、まずはSWOT分析（140ページ参照）でジグソーパズルを始めましょう。

会社の知名度を上げたいのですが……

「会社の知名度を上げたい」という悩みは気をつけて聞かなくてはなりません。「誰から見た」「何の目的で」という視点がないからです。ソニーや東芝、トヨタなど誰でも知っている企業が費やした宣伝広告費は天文学的な数字になります。2000年の初めにアメリカで多くのネットベンチャーが生まれ、その大半が倒産しました。原因は莫大な宣伝広告費でした。登録会員数で株価が決まる、という状況に煽られて各社がテレビCMなどに多額の先行投資をした結果、売上10億円のベンチャーが100億円もの負債で倒産するという笑えない現象が続いたのです。

もう一度、何のために知名度を上げたいのかを考えてください。上場していない中小企業が不特定多数の人にあまねく知られなければならない理由はほとんどないのです。もし知名度を上げたい理由が「売上を増やしたい」なら、製品やサービスを買ってくれる可能性がある人たちに対して知名度を上げていけばよいのです。食品スーパーならターゲットは商圏エリア内の主婦です。外車のディーラーなら商圏エリア内の富裕層です。1,000万円もする車を世帯年収500万円以下の人は普通は購入できませんから知られる必要はないのです。

BtoBならもっと明確です。人事ソフトなら企業の人事関係か情報システムの人に、人材紹介業なら人事の人に、CADソフトなら設計や生産管理の人に知られていれば目的は達成できます。何もターゲットとする企業の全員に知られている必要はありません。

またあなたの会社の何を知っていてもらうかも重要です。「サービスが良い」「壊れない」「デザインが良い」などキーワードを覚えてもらうほうが、ただ社名を覚えてもらうより売上に貢献するはずです。

重要なトピック

ポジショニング 05

ポジショニングによって顧客の心をつかむ

ポジショニングができていない

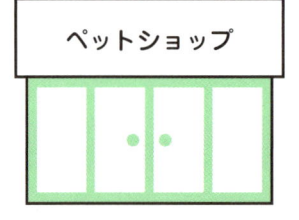

ペットショップ ? ? ?

ポジショニングができている

都内No.1 トイプードル専門店 ！ ！

ターゲットセグメントに、他社にはない
ユニークな価値を認めてもらい
差別化したイメージをつくります

　STPの「P＝ポジショニング」について、小さなペットショップを例に説明します。ショップオーナーの方は、過去の販売実績や知識、ブリーダーとのネットワーク、トリミング技術などから「トイプードル」という犬種が勝てる土俵と考えました。幸い東京にはトイプードルの専門ショップはそれほどありません。これから人気の出る犬種ですし、東京全体をマーケットにすれば充分なマーケットサイズがあるようです。

　エッジを立てればさらにマーケットは拡大できます。日本一のトイプードル専門店になれば全国からお客様が来るはずです。ニッチマーケットとは小さいマーケットを指す言葉ではありません。私の経験では「入り口は小さく、中は意外に広く豊か」なものです。

　さて、これでコンセプトは決まりました。「東京一番のトイプードル専門ショップ」になることがすべての基準になります。店名も変えるべきかもしれません。トイプードルの購入者をできるだけイメージしてその人たちに好感を持たれる店名、ロゴ、店舗内装などが必要になります。

　また自分たちのコンセプトを伝える手段が必要です。インターネットのWebサイトにはぜひ予算を割きたいところです。車のペインティング、包装紙、店頭に置くパンフレットなども洗練されたもので、しかもこの店のこだわりがにじみ出るようなものであるべきです。ターゲティングしたセグメントに徹底的に自分たちのポジションを伝えていくことが重要なのです。さぁ、知恵を出して明確で心のこもったメッセージを考えましょう。言うまでもありませんが、STPの中でこれが最も楽しい作業です。

こうしたターゲットセグメントにメッセージを伝えるのはやはりインターネットを使ったメールやWebサイトが便利です。紙の情報誌を送ったりDMを発送したりするコストや手間を考えれば、やはりメールマガジンなどでメッセージを送りたいところです。

　専門性を高めれば高めるほど「口コミ」が効果を上げます。こうした趣味系のものはブログなどで取り上げてもらうことが多いので、そこからWebサイトに来てくれた人にメールマガジンに登録してもらって、その購読者をデータベース管理すれば素晴らしい顧客・見込み客データベースになります。

　私なら「トイプードルの気持ち」というタイトルでメールマガジンを発行します。動物は本当にかわいいのですが、言葉が話せないので、どうしても気持ちを知ることができないもどかしさがあります。トイプードルの気持ちを代弁するようなメディアは読んでもらえると思います。

　そのメルマガが広まれば、そこで提携ブリーダーを紹介したり、出会いを演出したりもできます。エッジを立てることが広がる可能性を増やすのです。

マーケティングにおける デザインの役割って何？

　デザインはマーケティングにおける重要な要素です。マーケットにどう伝えるか、どう表現するかは極めて重要な意味があるのです。マーケティングの設計が完璧で、良いリストを揃えてダイレクトメール（DM）を発送しても、DMのデザインやコピーのレベルが低ければ一巻の終わりです。良い結果は出ません。

　BtoBの場合、購入するお金は会社が払いますから「稟議」または「予算確保」というプロセスが必ず入ります。論理的に説明し、納得した担当者が今度は自分の会社を説得できる材料を提供する、という設計にしなければなりません。デザインもそうした論理的・客観的な説得力が必要になります。グラフや数字が多いのはそういう意味なのです。

　しかしBtoCは多くの場合、本人のお金で購入しますから本人をその気にさせれば買ってくれます。ですからストレートに感情に訴えることが重要です。そういう意味ではマーケティングの設計はBtoCのほうが浅いのです。しかし、ターゲットの心にインパクトを与えなければ購入には至りません。

　このためBtoCのマーケティングで最も成否に強いインパクトがあるのはイメージキャラクターの選定や、人気バンドとのタイアップであったりするわけです。タレントのスケジュールを押さえられるのも、人気バンドとタイアップさせられるのも、地上波のゴールデンタイムのCM枠を押さえられるのも大手の広告代理店ですからBtoCは大手広告代理店の独壇場です。

　BtoC企業にとってデザインは生命線と言っても良いでしょう。同じカテゴリーの製品でデザインセンスの良いものと、あなたの会社の製品を比較することでデザインのパワーを感じてもらえるかもしれません。また企業イメージも重要ですから、ブランド戦略の一環としてパッケージデザインまで含めたCI（コーポレートアイデンティティ）を提案するべきかもしれません。

重要なトピック

目標設定

売上の分解で見えてくる次の打ち手

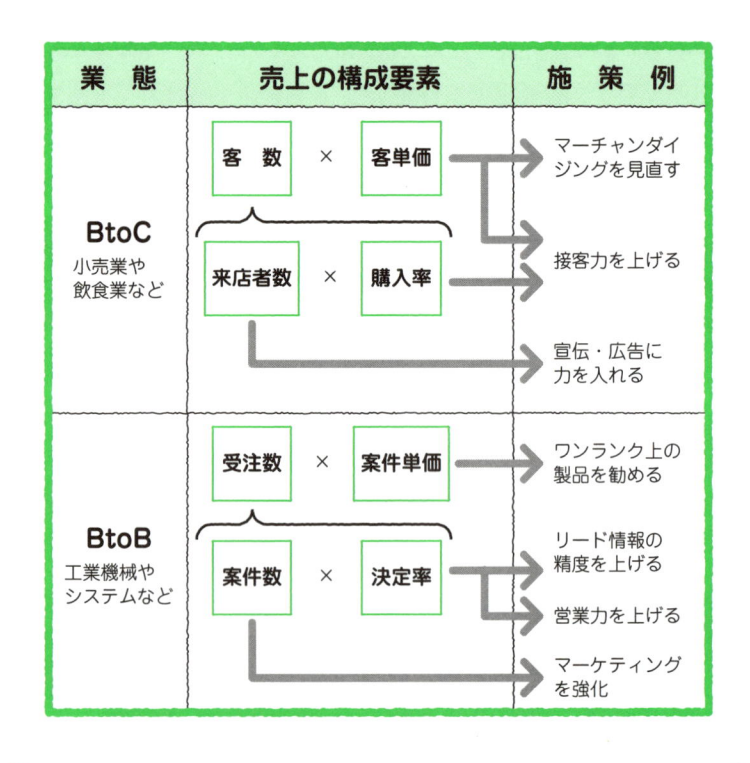

業態	売上の構成要素	施策例
BtoC 小売業や飲食業など	客数 × 客単価 来店者数 × 購入率	マーチャンダイジングを見直す 接客力を上げる 宣伝・広告に力を入れる
BtoB 工業機械やシステムなど	受注数 × 案件単価 案件数 × 決定率	ワンランク上の製品を勧める リード情報の精度を上げる 営業力を上げる マーケティングを強化

マーケティング部門では「売上」というゴールへの一里塚となる数値目標を掲げましょう

　マーケティング部門の目標設定には、どのようなものがふさわしいのでしょう？「知名度を上げる」、「CS（※）を引き上げる」などという目標を掲げる企業もあるようです。しかし残念ながら、そのような目標では「ダメ」です。マーケティングはサイエンス（科学）ですから数値検証できないものを目標に設定すべきではありません。BtoCでもBtoBでも目標は「売上までの一里塚」をイメージして設定すべきです。

　小売業や飲食業などのBtoCなら売上は【客数】×【客単価】で計算できます。平均客単価が1万円で1ヶ月のお買い上げ客数が200人なら月の売上は200万円です。これを上げようと思えば【客数】か【客単価】を上げなければなりません。

　【客数】の構成要素は【来店者数】×【購入率】で計算できます。つまり【客数】を増やそうと思えば、折り込みチラシやクーポンなど宣伝広告に力を入れて来店客数を増やすか、接客のトレーニングに力を入れて購入率を増やすかのどちらか、または両方を強化すれば売上に繋がるのです。

　【客単価】はどうでしょう。客単価の構成要素はマーチャンダイジングと接客力に分類できます。例えば紳士服の店でスーツだけをお買い上げいただいた場合、客単価は5万円になるとします。これを増やすには、そのスーツに合ったネクタイやYシャツ、靴や財布、カバンなどを取り揃えて、センスの良い店員さんがコーディネートしてあげなければなりません。しかしこうすることで、スーツ＋ネクタイ＋Yシャツで客単価は7万円にも9万円にもなるかもしれません。

　これらの【来店者数】、【購入率】、【客数】、【客単価】などを数値化して最も

重要な目標を設定し、それを達成する戦術をプランニングすべきでしょう。

　美容院やエステサロン、スポーツクラブなどの会員制のサービスなら、ベンチマークすべきは新規会員の獲得数、獲得単価、退会数、会員とのコミュニケーションコストなどです。これらの数値それぞれを要素分解してそこにフォーカスし、目標設定するのがよいでしょう。地域内に強い競合がオープンしたことにより新規会員獲得で苦戦しても、既存会員の退会率を引き下げることができれば売上に大きく貢献することは可能です。

　私が地方のLPガス販売会社のコンサルティングをした時、いわゆる競合との紳士協定で客数を増やすことができないクライアントだったので、客単価をアップさせる計画を提案しました。LPガスだけでなく、システムキッチンや食器洗い機、ユニットバス、そしてデザイン会社・工務店と提携したリフォームパッケージなどを含めて販売するようにしたのです。その後、さらにこの会社はカーポートや火災保険なども取り扱うようになり、3年後には売上に占めるLPガスの割合が60％まで下がりました。これは設定した目標を大きく超える成果でした。

　BtoBならマーケティングラインの中の数値をさらに細かく設定しなければなりません。細かく刻まないと手が打てないからです。

※ＣＳ＝顧客満足（Customer Satisfaction）のこと

> BtoBの場合、
> 目標はどう設定すべきですか？

　BtoBはBtoCより購入に至る変数が多く、マーケティングの設計も複雑で緻密さを要求されます。BtoBの売上は以下の式で表せます。

売上＝【受注数】×【案件単価】

　これをそれぞれの変数に要素分解していけば目標設定ができます。【受注数】は【案件数】×【決定率】に分解できます。
　【案件単価】を上げようと思えば、より大型の案件に注力するか、大手企業にターゲットをフォーカスすることが基本戦略になります。IBMがThinkPadブランドのノートPC事業を売却しましたが、IBMとしては価格競争が激化したノートPC事業から撤退することで客単価の大きいサーバやソリューションへ人材を集約したかったのです。これも客単価アップの戦略の一例です。
　【決定率】を上げるにはセミナーなどによる営業力強化、SFAやCRMの導入による営業管理の強化、代理店管理ソリューションの導入、そして業界紙への出稿やPRによるブランド強化策などがありますが、どれも効果が上がるまでに時間とお金が掛かるため、最も手強い変数といえます。
　【案件数】は、景気などの外部環境の影響が少なく、自分たちの努力と工夫で短期間に上げることが可能です。ここを上げるには「良質の見込み客を収集する」、「その見込み客リストを整理してメールやWebサイトなどで良質のコミュニケーションを行い、セミナーに集客したり資料請求をしてもらいながら絞り込んでいく」という2つの仕組みを創らなければなりません。
　しかしこの仕組みを作れば【案件数】は確実に上がります。見込み客を「どこで」「いつまでに」「いくらの予算で」「何件集める」のか、そして見込み客リストから毎月何件のホットリストを営業や販売代理店に渡すのかを目標設定して、「売上までの一里塚」を築きましょう。

重要なトピック

プロダクトポートフォリオマネジメント

4つの象限の基本戦略

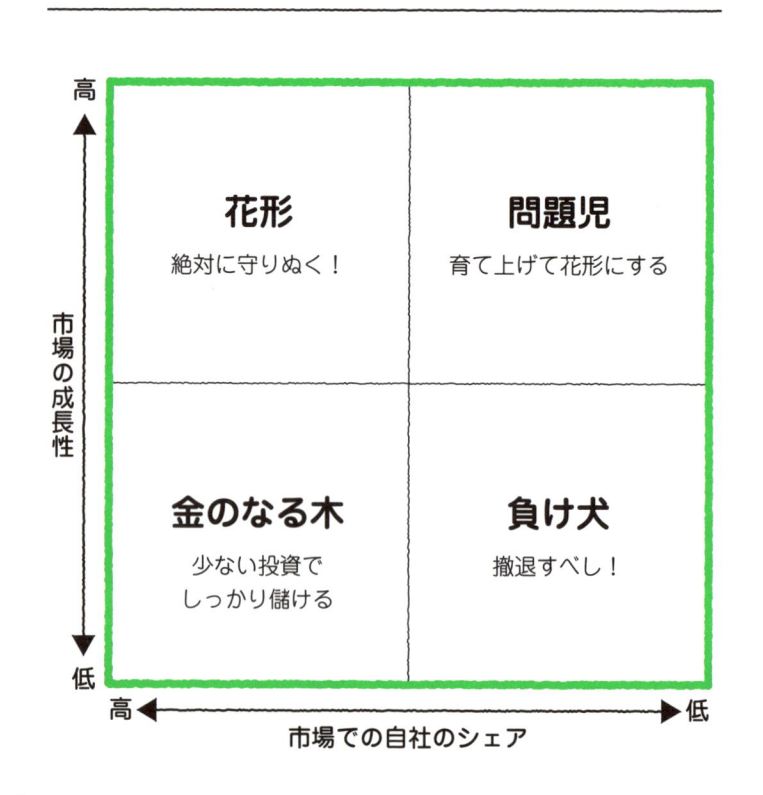

	市場での自社のシェア 高 ← → 低
市場の成長性 高	**花形** 絶対に守りぬく！ / **問題児** 育て上げて花形にする
市場の成長性 低	**金のなる木** 少ない投資でしっかり儲ける / **負け犬** 撤退すべし！

「金のなる木」で得た資金を
「問題児」の育成に投資したり、
「花形」の強化に使いましょう

　マーケットの中で、自分の会社や製品はどのように位置づけられるのでしょう？　すべての企業が知りたい問題だと思います。これを調べる方法はたくさんあるのですが、代表的なものに「プロダクトポートフォリオマネジメント（PPM）」と呼ばれるものがあります。アメリカの大手戦略コンサルティングファーム「ボストンコンサルティンググループ（BCG）」が提唱したものです。

　これは縦軸にマーケットの成長性（機会：外的要因）を、横軸に自社のシェア（強み：内的要因）をとって、4つの象限に自社の製品やサービスをプロットする方法です。同時に競合他社の製品やサービスもプロットすれば、さらにわかりやすくなるでしょう。

　このマーケットとシェアの成長性を縦横に置いた場合の、各象限の基本戦略はほぼ決まっています。

　まず左上の **「花形」** と呼ばれる象限はマーケットも成長し自社製品のシェアも高いですからここにプロットされたものは最も重要な製品・サービスです。ここは「絶対に守りぬく」ことが重要です。

　右上は **「問題児」** と呼ばれています。マーケットは成長していますが自社のシェアが低い象限です。ここの戦略は「育成」です。経営資源を投入して育成し、上の「花形」にまで育てなければなりません。育成に失敗したり、投資を怠ったりすると負け犬になってしまいます。ただし、「育つのか？」という問題は残ります。

　左下の **「金のなる木」** または **「キャッシュカウ」** と呼ばれる象限は、マーケットは成長しませんが高いシェアを持っています。マーケットが成長しない

ということは今後あまり追加投資をしなくてもよい場合が多く、しかも現在高いシェアを取れているということはこの製品やサービスに対する過去の投資の償却も済んでいて、しかも十分な経験知も持っている場合が多いのです。ですからここは少ない投資でしっかり儲けることを期待されます。

　右下は**「負け犬」**と呼ばれています。マーケットも成長しないしシェアも高くありません。ここにプロットされた製品やサービスは撤退することが必要です。投資をしてシェアを上げてもマーケット自体が縮小していますから投資を回収できる可能性は低いのです。しかも過去の投資も少なく、経験知をほとんど持っていませんから失敗や事故を起こす可能性が高いです。多少強引でも撤退すべき象限です。

　それぞれがこうした特徴を持っていますから、一般的には「金のなる木」で儲けた資金を「問題児」の育成や「花形」のさらなる強化に投資する、という結論になります。

我が社の売りって何だろう？

　自社のメイン商品の今の状況を常に把握していることは非常に重要で、また誰にとっても難しいことです。日常の業務に追われていると、自社のメイン商品であればあるほど俯瞰的に、冷静に見ることが難しいのです。

　ソニーはマーケットの変化を見逃したため、あれほど強かった携帯音楽プレーヤーマーケットでのポジションをAppleに奪われてしまいました。今のようにマーケットの変化が早く激しい時代では、一瞬でも見失うと迷子になってしまうのかもしれません。

　私は、クライアントの製品やサービスを理解するためにディスカッションを行います。その時は、以下の設問からスタートします。これはお客様の製品やサービスを本質的に理解する入り口なのです。

【1】「誰の？」 【2】「どんな問題を？」
【3】「どのようにして解決するのですか？」

　【1】と【2】でターゲットセグメントが正確に定義されているかをチェックします。ここの答えが社内でぶれたり、曖昧にしか解答できなければセグメンテーションをやり直す必要があります。またこれは時代によって変化するので注意が必要です。

　【3】ではその会社の製品が【1】と【2】で明確にしたターゲットセグメントとぴったり合っているかをチェックします。合っていなければそこは「勝てる土俵」ではありません。

　単純なようで非常に奥深いディスカッションに導いてくれる設問ですから、是非活用してみてください。

重要なトピック

ソリューション戦略

08

商材は大きく2種類に分けられる

洋服、音楽、書籍、缶入り飲料

- それを購入することで問題の解決にはならない
- デザインや色、ブランドなど、個人の好みやこだわりがあらわれる
- 売るためには、顧客の感情に訴えることが大事

↓

非ソリューション型

研修プログラム、生産管理システム、金融商品

- 問題を解決するための手段やノウハウ、道具
- BtoBの場合、購入の決定には論理的な理由が必要になる
- 売るためには、顧客が抱える問題への理解力や解決ノウハウが大事

↓

ソリューション型

商材がソリューション型か、非ソリューション型かによって採るべき戦略が変わってきます

　ビジネスの相手が法人（BtoB）か消費者（BtoC）か、という以外にも基本的な戦略を異にする場合があります。商材のタイプによって「ソリューション型」と「非ソリューション型」に分類する手法です。この2つではマーケティングプランの立て方がまったく異なるのです。両者の違いを説明しましょう。

【ソリューション型】

　ソリューションの意味は「問題の解決」ですから、問題があってそれを解決する手段やノウハウや道具であれば、それは「ソリューション型」と言えるでしょう。工作機械であっても、それはより安全に効率的に加工するための道具ですから立派なソリューション型と言えます。

　BtoBの場合ほとんどの製品やサービスがソリューション型と言うことができます。それは法人が何かを購入する場合、その決定には論理的な理由が必要だからです。何かを購入する時に、稟議書の購入理由欄に「欲しいから」と書くことは許されません。それを購入することが何らかの問題を解決することに繋がらなければ説明できる理由にはなりません。採用、教育研修、マネジメントから生産管理システム、マーケティングまで、ほとんどの製品やサービスはソリューション型にカテゴライズすることができます。

　BtoCであっても例えば退職金の運用方法について迷っている人がいれば、安全で利回りの良い金融商品はソリューション型になります。「初めての株式投資セミナー」なども同様の問題を解決するソリューション型としてカテゴライズすることができます。

メガネを掛けていてはできない仕事についている人にとってコンタクトレンズはソリューション型の商材です。

【非ソリューション型】

　それを購入することが問題の解決にはならないケースです。例えばラーメン屋さんやそば屋さんを「問題解決」とするのはちょっと無理があるでしょう。確かに人間は何も食べなければ死んでしまいます。しかし、生命を維持するだけなら栄養を摂取できれば何でもよいはずで、味や雰囲気にこだわる理由はありません。

　洋服も同じように「非ソリューション型」です。裸で街は歩けないという理由でソリューション型とするのは適当ではありません。裸でなければよいのならデザインや色やブランドにこだわる理由はまったくありません。婦人服やバッグ、靴などのファッション性の高いものや音楽や書籍などは基本的に非ソリューション型と考えてよいでしょう。ソリューション型でなければ売れないということではありません。売り方が違うのです。

　例えばコカ・コーラがなければ解決しない問題はおそらく存在しないでしょう。コカ・コーラの製造・販売に関わる人以外でコカ・コーラがなければ本当に困るという人もいないでしょう。しかし、コカ・コーラは世界的な巨大企業として大成功しています。

　自社の製品やサービスがソリューション型なのか、非ソリューション型なのか、を顧客の立場に立って検討する時間を作ると大きな収穫が得られるかも知れません。

> ソリューション・非ソリューションで
> 考えよう！

　「顧客が欲しいのはドリルではなく穴である」という言葉を聞いたことがありますか？　正しく引用すると「昨年、4分の1インチ・ドリルが100万個売れたが、これは人々が4分の1インチ・ドリルを欲したからではなく、4分の1インチの穴を欲したから」というものです。

　これはレオ・マックギブナという人の言葉です。この格言は、扱っている商材が「ソリューション型の商材」であった場合、マーケティングの設計の本質的な答えになると考えています。

　例で説明しましょう。ある人がホームセンターにドリルを買いに来たとします。ホームセンターの販売員がこのお客様のために売場に並ぶ数多いドリルの中から最適の1個を選ぼうと思えば、まず知らなければならない情報は「どんな大きさの穴を開けたいのか」「穴を開ける相手の材質は何か（木材か、コンクリートか、鉄板か）」「誰が使うのか（屈強な男なのか、女性なのか、子供なのか）」「数個の穴を開ければよいのか、毎日多くの穴を開けなければならないのか」といったものであり、さらに突っ込んで「それは何をするための穴なのか」という目的までを聞かなければならないかもしれません。

　これらの要点を正しく理解して、はじめてこのお客様にとって必要なドリルのスペックが見えてきます。そのスペックと在庫商品をマッチングさせることで最適なドリルの候補をいくつか選び出して薦めることができるのです。解決すべき問題を正しく理解しなければ最適の解決策を出せるはずがないのです。これがソリューション型の商材の特徴です。

　これはソリューション型の商材の世界では小さな企業が大企業と互角以上に戦えることを意味します。この世界ではディスカウントや物量よりも顧客の抱える問題への理解力やその解決ノウハウのほうが、はるかに価値があるからです。

重要なトピック

09 価格戦略

値決め次第で儲け方もさまざま

A 価格を高く設定して儲ける

B 価格を安く設定して、たくさん売って儲ける

C 消耗品やオプションを販売して、本体以外のところで継続的に儲ける

などなど

値決めは
マーケティングの重要課題であり、
同時に経営の重要課題でもあります

　自社の製品やサービスの価格をいくらに設定すべきか、という値決めの問題に悩んでいる企業も多いと思います。そもそも価格設定はマーケティングに含まれるのでしょうか？ マーケティングの「4P」にも「Price」として2番目に入っているとおり、この値決め（価格設定）はマーケティングの最も重要な要素のひとつであり、また経営の最も重要な要素でもあります。私は経営戦略とそれを実現するためのマーケティング戦略の最も重要な接点はこの「値決め」だと考えています。

　たっぷり儲けようと考えて高い価格を設定して「価格優位性」をなくし、その結果さっぱり売れないということもありますし、逆に大量に売ることを目論んで薄利多売戦法を選択しても、当初想定したほど大量に売れず薄い利益で経費をカバーできずに赤字になってしまったという話もよく聞きます。値決めは本当に難しいのです。

　では価格設定がいかに重要なマーケティングの要素かを例を挙げて説明しましょう。アメリカの大手のヒゲソリメーカーが、低価格でT字型の替え刃タイプのヒゲソリを販売したことがあります。売れば売るほど赤字になるような価格設定で販売攻勢をかけて売りまくりましたが、これにはさすがに社内・外から懸念の声が上がりました。「こんな価格設定は馬鹿げている！」という声に対してマーケティングの責任者は平然とこう答えました。

　「我々は替え刃の販売で収益を上げようと考えています。わが社のヒゲソリにはわが社製の替え刃しか装着できません。したがってヒゲソリ本体

の低価格戦略によってわが社のヒゲソリのユーザーが増えれば増えるほど、競合企業の替え刃のマーケットを奪い、わが社の替え刃のマーケットを創造していることになるのです」

　値決めはマーケティング戦略の最も重要な要素だというのはこのことです。
　「何」で儲ける、「どこ」で儲ける、という部分をしっかり押さえたマーケティングの基本設計ができれば、後で獲得する収益を見据えてマーケティング費用を算出することができます。上記の場合はヒゲソリ本体のディスカウント分は替え刃のマーケティング費用と考えることができるでしょう。
　しかしそういう視点がなければ上記のヒゲソリメーカーは「本体だけではほとんど利益が出ないのだから、その上マーケティングに予算なんか割けない」となって、結局ヒゲソリ本体も売れず、したがって替え刃マーケットでも優位性を確保できず、考えていた替え刃での収益も上げられなくなってしまいます。

　この「本体ではなくサプライで収益を上げる」というマーケティング戦略はその後、日本のコピー機メーカーや簡易印刷機メーカーなどが踏襲しています。本体を大幅なディスカウントで販売して、その後にトナーや紙やドラムなどで収益を上げる戦略です。

　「値決めはマーケティング」ということが理解していただけたでしょうか？

そうだったのか、マーチャンダイジング！

　地方都市のLPガス販売会社のマーケティングを考えてみましょう。競合店がひしめくなか、店舗を増やす計画を相談されたら、どう答えますか？
　基本的に小売業の会社の年間の売上は次の式で計算できます。

売上　＝　【客数】×【年間の客単価】

　変数は【客数】と【年間の客単価】しかありません。出店戦略は【客数】を増やすことが目的ですが、新しく土地や建物、従業員も必要です。在庫も増えるでしょう。そうした投資に耐えられる財務体質か、また投資を回収できる収益を確保できるかチェックする必要があるでしょう。
　【年間の客単価】を上げる方法もあります。これは「マーチャンダイジング戦略」と言われるもので「品揃え・仕入れ・商品開発」と訳され、MD（エムディー）と略されたりします。小売業では成功のための重要な要素です。

　LPガスであれば1世帯当たりの【年間の客単価】はほぼ決まっているはずです。しかしLPガス屋さんは毎月ガスの検針のために顧客を訪問している顧客との接点が非常に強い業種です。この利点を活用して取り扱いの商材を増やせば【年間の客単価】を増やすことは可能です。
　コンロや湯沸かし器などのガス器具は売りやすいでしょうし、さらにシステムキッチンや、そのリフォーム事業を展開することも可能です。今は安全にお金をかける時代ですから、警報装置なども魅力的な商材です。安全をキーワードにすれば火災保険、セキュリティサービスなども販売できるはずです。
　「マーチャンダイジング」を時代に合わせて変化させていくこともマーケティング担当者の非常に大きな役目です。

重要なトピック

顧客獲得戦略（BtoC編）

同じマンション販売でも戦略はいろいろ

	ライオンズマンション	サーパスマンション
展開場所	首都圏	地方都市
主なターゲット	30代〜40代前半のビジネスマン	マンション近隣の住民
コミュニケーションチャネル	インターネット	新聞の折込チラシ
顧客獲得の工夫	Webサイトからショールームの見学予約ができる	建設現場に大きくロゴと電話番号を貼り出す

顧客獲得戦略はまったく違うものの、どちらのマンションも大きな成果を上げた

ターゲットの特性に合致した最適なメディアを選択することで成功した事例を紹介します

　車・宝飾品や不動産など、高額商品を扱う業界にはマーケティングに力を入れている企業が多く存在します。そのような業界、企業を例にBtoCにおける顧客獲得戦略について説明します。中でもマンション販売は成功事例がたくさんある業界です。

　ケーススタディとして、大京のライオンズマンションと穴吹工務店のサーパスマンションを紹介します。この2社はともにマンションの大手メーカーですが、まったく異なるマーケティング戦略を展開し、ともに成功しました（穴吹工務店は2013年に大京の子会社に）。

　大京のライオンズマンションは首都圏や大都市圏で展開しています。主なターゲットマーケットは30代から40代前半のビジネスマンです。忙しいビジネスマンはマンションを探すにも不動産屋を回ったり、知り合いの不動産屋に声をかけて情報を待ったりはしません。彼らは仕事の合間にインターネットにアクセスして情報を収集します。共働きであれば、ご主人と奥さんが別々の職場で、それぞれインターネットでマンションの情報を収集し、夕飯の席はその情報交換が話題になります。そうしたマーケットの特性を理解すれば、戦術や使うメディアはおのずと決まってきます。

　大京はインターネットが普及したかなり早い時期から社内に大規模なオンラインの部門を作りました。そして「電車・地下鉄路線で」「通勤時間で」「価格帯で」「間取りで」「病院や学校などの周辺環境で」とさまざまな検索条件で候補を抽出できる素晴らしいWebサイトを作り、問い合わせをするとショールームの見学予約ができ、ショールームに行くと「〇〇さま、お待ちしておりました」と名前を呼んでお迎えするという、オンラインとオフラ

インの素晴らしい連携の仕組みを作り上げました。この仕組みはBtoCの高額商品販売のお手本になりました。

　一方の穴吹工務店はまったく別の戦略を採りました。穴吹工務店のサーパスマンションは首都圏や大都市圏ではなく主に地方都市に展開しています。小さな町の駅前とか幹線道路沿いに建設して販売しているのです。ターゲットは半径10km圏内に住んでいる人々です。町で商店を営んでいる人の息子が結婚すると、両親はお店の2階を息子夫婦に譲って自分たちは近くのマンションに移り住みます。「スープの冷めない距離」です。また、郊外に住んだ人はある程度の年齢になると町に戻ってくる傾向があります。田舎暮らしは素敵ですが、体力も気配りも必要ですから都会育ちには厳しい面もあるのです。

　そうした人々をターゲットにした場合のコミュニケーションチャネルは新聞の折込チラシです。折込チラシは非常に細かいエリアで指定が可能ですから、狙ったエリアに定期的に集中して投入することができます。また駅前の目立つ立地に高いマンションを建設しますから、その建設現場そのものが広告塔になります。巨大なロゴと電話番号を印刷した養生シートを数ヶ月間に渡って掲示して近隣に告知しています。こうした手法で驚くべき成功を収めています。

　同じマンションなのに顧客を獲得する方法はこんなにも違います。しかも両方とも素晴らしい成果を上げました。是非参考にしてください。

> BtoCの小さな店が勝つために……

　小売店が、新しい店を出店し、できるだけ早く顧客を獲得するには、どのような方法があるでしょうか。
　大手フランチャイズのようにある程度のブランドができているなら比較的簡単です。「あなたの町にも○○○がオープンします！」というメッセージを地域限定のメディア、例えば折り込みチラシとかFMラジオとかで繰り返し出せばよいのです。来店を促すクーポンを付けてもよいでしょう。アルバイトを雇って駅前などでクーポンを配ることも効果的です。

　そうしたブランドが浸透していないなら地道にいくしかありません。地方で雑貨屋さんを開店する場合、雑誌とタイアップした有名フランチャイズ店と、ブランドのない店では最初の3ヶ月の集客はまったく違います。ここを踏ん張ることがその後の成長に繋がります。
　専門性の高い小売業や飲食店の場合、魅力はマーチャンダイジング、つまり品揃えです。どれだけ魅力的で他では手に入らない商品を並べることができるかが差別化要因になり、勝負を決めます。飲食店の場合ならメニューと味です。同じ豚骨ラーメンでも、豚の背油を使ったり、仕上げに麻油を使ったりすると、そのオリジナリティにマニアが反応してくれます。

　マーチャンダイジングが優れていれば、どんな目立たない場所にあってもお客様は探し出して来てくれます。説明されてもわからないような路地裏に行列のできるラーメン屋さんがあることがあります。ラーメン好きはお互いに情報交換しながら美味しい店を探しています。同じ趣味・嗜好をもった人はさまざまな手段で情報交換をしています。専門店が意識するべきなのはその情報網なのです。じっくり腰を据えてやってみてください。

重要なトピック

顧客獲得戦略（BtoB編）

Webサイトと展示会の効率の違い

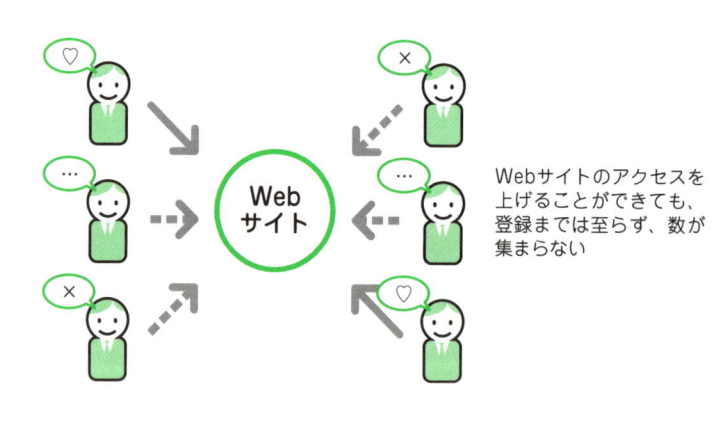

Webサイトのアクセスを上げることができても、登録までは至らず、数が集まらない

ターゲットを明確にしているBtoBの展示会は、一度にたくさんの良質な見込み客を収集できる

- まず見込み客情報を集めましょう
- テレアポやネット広告よりも展示会への出展が有効です

　BtoB企業の顧客獲得戦略を、工作機械メーカーを例に説明します。これまで機械商社に販売を頼ってきたメーカーが直接販売に切り替えようと考え、新規顧客の開拓をめざすと仮定します。さて、何から始めるべきでしょうか。

　BtoBの場合、まず見込み客リストを作るところから始めるべきでしょう。方法はいくつかあります。マーケティングの世界ではリードジェネレーションと呼ばれている工程です。

　最も頼りになるのは展示会でしょう。インターネットで展示会の情報を検索してみると驚くほど多くの展示会が開催されていることがわかります。BtoC系のイベントと違い、BtoBの展示会はターゲットを明確にしています。テーマを明確にしないと予算に厳しい企業はブースを出展してくれませんし、忙しいビジネスマンは来場してくれません。ですから、展示会に来場した時点でスクリーニングされた上質の見込み客なのです。

　名古屋で開催された「メカトロテック・ジャパン2013」では約460社の企業が出展し、約93,000人が来場しています。もちろん製造業に携わる人が大半ですし、中でも自動車や家電などの製造に関わる企業の人がほとんどです。工作機械のメーカーなら素晴らしい見込み客リストが手に入るはずです。毎年東京ビッグサイトで開催される「設計・製造ソリューション展」はさらに規模が大きく、同時開催の「機械要素技術展」「3D&バーチャルリアリティ展」などを含めると約1,900社が出展し、3日間で76,000人を超える人が来場します。工作機械の導入・選定に関わる人は企業の中で実際にその機械を使っている人よりも、生産技術とか設計とか開発部門にいる人が多く、またシステムで制御するものならシステム部門も関わります。で

からこの展示会も非常に良い見込み客が収集できると思います。

　こうした大規模な展示会でなくても5,000人から10,000人くらいを集める中・小規模の展示会は数多く開催されています。この規模になると「自動車工業」とか、「半導体製造業」とか「食品製造業」とかに専門特化されますから、来場者は少なくても「さらに良質のリスト」が収集できます。

　日本では個人情報保護法が2005年に施行され、個人の情報を売買することが原則できなくなりました。したがって直接、利用目的を通知しながら収集することが非常に重要なのです。

　展示会の他には個人情報を含まない企業情報を購入して、電話を掛け担当者を聞き出す手法やネット広告があります。電話を掛けて担当者を聞き出すのは簡単ではありませんし、ましてやメールアドレスを電話で聞くのはとても難しいものです。クレームになることも多く、あまりお勧めできません。リスティングなどのネット広告もうまくするとWebサイトのアクセスを上げることはできますが、資料請求やメールマガジンへの登録までは難しいので、数をあてにはできません。

　新規の顧客を獲得するには展示会への出展が最も効率が良く、安全なのです。

商品のファンを作りたいのですが

　ファンを持っている製品は強いと言われます。製品のファンを作るには、どうしたらよいでしょうか？

　製品やサービスのファンになって口コミで宣伝してくれる人を「エバンジェリスト」と呼びます。彼らは口コミで製品の宣伝をしてくれるだけではなく、競合の弱点を宣伝し、製品の悪口を言う人と喧嘩をし、まるで自分の身内のように守ってくれます。こうした熱心なファンを持っている製品は強いものです。

　またエバンジェリストを通り越した存在は「信者」と呼ばれます。彼らにとってその製品を広めることは布教活動であり、競合製品のユーザーは邪教の信者です。ここまでのファンを持っている製品はもちろん多くはありません。コンピュータ関連ではApple社のMacintosh（Mac）がこの存在になるでしょう。

　BtoCの高級ブランドはこうしたファンがいなければ成立しませんから、ファンを大事にするためにさまざまな工夫をしているのです。お得意様だけに優先的に新製品を見せる内見会や店頭に並ばない限定商品の紹介、情報誌の発行やバーゲンの招待状などです。

　BtoBもファン作りを熱心にやっています。ユーザー会がその良い例でしょう。工作機械やビジネスアプリケーションのメーカーはユーザー会を組織し、イベントなどでもユーザー会専用の特別ブースを設けたり、優先的にベータ版を配布したり、モニターでの先行試用をして開発に参加してもらうなどをしています。もちろんこうした活動に参加してもらうことによって顧客が競合に走るのを防いでもいるわけです。

　BtoCでもBtoBでも、「自分も参加している」「自分たちが育てた」という感覚を持ってもらえることがファン作りの秘訣かもしれません。

重要なトピック

顧客管理

顧客を巡る企業同士の戦い

顧客を	知る！ 例：アンケートや購買履歴
	奪う！ 例：検索マーケットのシェア争い
	守る！ 例：マイレージプログラム

顧客を奪い、奪われる戦いに終わりはない。
それでも最後に勝つのは「顧客を知るもの」だ

購買履歴にもとづいて
行動を分析することで
「顧客をよく知る」ことができます

　最近は顧客管理システムを導入する企業も増えてきました。しかし「顧客管理」の意味や目的もわからないままシステム導入を検討する企業も少なくありません。そもそも「顧客管理」とは何なのでしょうか。

　企業は「顧客」を知らなければなりません。「顧客」は競合から守らなければなりませんし、また競合から奪わなければなりません。競争の無い世界という意味で「ブルーオーシャン戦略」なる言葉が流行りました。未だ競合のいない新しいマーケットを創造すれば確かに一瞬は戦いの無い世界を創ることはできるでしょう。しかしそこが収益性の高い大きなマーケットだとわかるや、たちまち競合が出現して再び血で血を洗う戦場になります。

　1990年代前半にインターネットが商用化された時、検索に興味を持つ人はいませんでした。アメリカの若い学生が興味を持ち世界中のWebサイトを集めてデータベース化して検索できるようにしました。これがYahoo!です。しかし彼らの大成功はそこが巨大な金鉱だと知らせることになり世界中の企業やエンジニアが「検索マーケット」になだれ込んできました。今Yahoo!は後発組のGoogleの脅威にさらされて苦戦を強いられています。

　自由資本主義の世界ではビジネスは戦争であり、奪い合うのは顧客なのです。顧客を守るためには顧客を知らなければなりません。守るべき人が誰なのかを知らないで守ることはできません。

　顧客の存在はアンケートで知ることもできます。観察することもできます。しかし最も確かなメッセージは顧客の「買う」という行動です。実際にお金を出して「買う」ことくらい嘘のないメッセージはありません。だから

重要なトピック

顧客管理システムでは主として顧客の購買履歴を管理します。ここから顧客のさまざまな行動分析をするように設計されているのです。代表的な顧客管理プログラムに航空会社のマイレージプログラムがあります。これを説明しましょう。

1970年代の終わりごろアメリカで航空事業が自由化されることになりました。これに先立って当時最大手であったアメリカン航空が自社の事業に関するリサーチを行いました。その結果、一部の優良顧客によって収益の80%近くがもたらされていることがわかりました。これはその一部の優良顧客を競合に奪われた場合、収益の80%を失い倒産することを意味します。生き残るためには優良顧客を囲い込むことが必要でした。

そこでアメリカン航空が1981年から始めたのが当時アドバンテージプログラムと呼ばれたマイレージプログラムでした。飛んだ距離をマイルという単位で加算し、それが貯まると航空チケットを貰えるというインセンティブプログラムで、RFMのF（フリークエンシー）だけを使っていることからフリークエンシープログラムとも呼ばれました。アメリカン航空はこのマイレージプログラムであっという間に売上を10%以上伸ばすことに成功しました。しかしこのプログラムを特許申請することができなかったため、次々と世界中の航空会社が同じプログラムを導入し、まったく競合優位性はなくなってしまいました。

顧客を囲い込む手法はたくさん生まれています。しかし、どれも決定打にはなっていません。効果のないものはすぐに捨てられ、効果のあるものはすぐに真似されます。それでも顧客を守り、奪う戦いは続きます。最後に勝つのはやはり最も顧客を良く知っている者だと、誰もがわかっているからです。

顧客データが宝の山になる!?

　あなたが競争の激しい地域でお米屋さんをやっているとします。顧客データを持たずに競合店と戦おうと思えば、価格を下げたり、配達に汗を流したり、マメに訪問して御用聞きをするしか方法はありません。でも価格では大量仕入れの大型店には勝てないし、マメにお客様を回っても今は共働きが多くお留守の家が多いはずです。しかも配達や訪問は最も高い経費である人件費が掛かります。

　しかし、顧客データをしっかり管理していればどうでしょう？ どのお客様が何月何日に何kgのお米をお買い上げになった、というデータがあり、その世帯の人数や過去の購買履歴から1日あたりの消費量を割り出せば、そのお客様の米びつの残量を推定することは可能です。残りが少なくなったタイミングで電話を掛け、お好みの銘柄の米を配達すれば競合にはビジネスチャンスはやってきません。

　例えばあなたがパソコンショップをやっていたとします。パソコンを買った人が、その後2年以内にパソコン関係に使うお金はパソコン本体の2〜3倍と言われています。もしあなたのお店が顧客データを管理していなければ、ただ座ってお客様からの追加注文を待つしかありません。

　しかし、顧客データをしっかり管理していればどうでしょう？ 店頭でパソコンと同時に光回線やプロバイダーを勧めることもできますし、購入後10日ほどで電話やEメールで「パソコンの調子はいかがですか？ もしウイルスが心配なら、使いやすいウイルススキャンソフトをお届けしましょうか？」とお勧めできます。また、年賀状のシーズンには「筆まめ」のようなソフトをお勧めできるでしょう。

　このように顧客データがあれば、個々のお客様が必要な時に必要なものをお勧めできます。これは押し売りではなくお客様にとっては非常にありがたい便利な情報になるのです。

重要なトピック

RFM分析

顧客分析の代表的手法 RFM分析

Recency	×	Frequency	×	Monetary
最終購買日		**購買頻度**		**購買金額**
最後のお買い上げはいつか？		どのくらいの頻度で購入いただいているか？		今までどのくらいの金額を購入いただいているか？

RFM分析の目的：
① 顧客をより深く正確に知ることで優良顧客を守り
② 準優良顧客には優良顧客にランクアップしてもらい
③ 浮気性の顧客が他社に奪われることを防ぎ囲い込むこと！

最終購買日／購買頻度／購買金額という3つの指標から顧客を評価します

「RFM分析」は、百貨店などの小売業や通信販売会社などで顧客を分析する手法のスタンダードです。簡単に言うと「大切にすべき優良なお客様を探し出す統計モデル」なのです。Recency（リーセンシー：最終購買日：最後にいつお買い上げいただいたか）、Frequency（フリークエンシー：購買頻度：今年何回ご利用いただいたか）、Monetary（マネタリー：購買金額：今年いくらお買い上げいただいたか）の頭文字を取ってRFM分析と呼ばれています。この3つの要素（変数）をそれぞれ5～7段階にランク付けして最も大切にすべきお客様を探します。

5段階にランク付けする場合ですと3つすべてが「5」のお客様は「つい最近もお買い上げいただき、頻繁に来店して、たっぷりとお買い上げいただいているお客様」です。つまり何としても競合から守らなければならない最上級のお客様なのです。反対に3つすべてが「1」であれば、「この1年間ほとんど来店していないし、過去に1度しか買っていない、そしてそれも少額のものだった」ということです。ダイレクトメールや高価なカタログを郵送料金を払ってまで送る価値はないと言えるでしょう。

しかし、こうした極端な例はわかりやすく、何も分析しなくても人の記憶で十分に対応できます。問題はその中間に位置する人々のセグメントなのです。

例えば「1・1・5」としましょう。つまり「ずいぶん前に一度だけ来店し、高額なものをお買い上げいただいたお客様」はこうなります。「お金持ちの一見さん」ですから、おそらくもう来店することはないかもしれません。では「1・5・5」はどうでしょう？これは「過去に何度も来店してくれて、そのた

びにたっぷりお買い上げいただいたが、最近はめっきり来ない」というお客様です。理由はいくつか考えられます。「遠くに引っ越した」「亡くなった」「競合に奪われた」「何か不満があって怒っている」などです。いずれにしても原因を確かめないと大損害です。

　こうした顧客セグメントデータをポジティブに使う場合の代表例が、今では世界中の航空会社が導入しているマイレージプログラムでしょう。アメリカン航空（AA）が1981年に「アドバンテージプログラム」という名前で始めた世界最初のマイレージプログラムはあっという間に世界中の航空会社に拡がりました。

　多くの通信販売会社は、逆にこのRFM分析を「最も売上に影響を与えない」顧客に対する足切りの指標で使っています。カタログの印刷費や郵送費用が経費の大きな部分を占める通信販売会社はどうしても保有しているリスト全件にカタログを送るわけにはいかないのです。

　このRFM分析の弱点は、「買った・利用した」という過去の購買履歴から顧客を量的に評価・分析するので、初めて来店して中間価格帯の商品をお買い上げいただいたお客様は自動的に「5・1・2」となり、かなり低い評価になってしまいます。各項目の重み付けには十分な注意が必要でしょう。

ポイントカードは有効ですか？

　ポイントカードは顧客情報管理の最も古典的な手法のひとつです。顧客に目標を達成するまで貯める喜びを提供するため、「顧客インセンティブ・プログラム」と呼ばれることもあります。一方、店舗側は、誰がいついくら買ってくれたのか、今年何回来店してくれたのか、最後に来店してくれたのはいつなのかという「RFM情報」を知ることができ、それを基にどの顧客を大切にしなければいけないかを知ることができます。大切にすべき顧客を知ることは、競争が激しくなればなるほど重要になってきます。自社が真に大切にすべき優良顧客をしっかり囲い込み、競合から守ることはマーケティングの最も重要なミッションのひとつです。

　これらの情報をコンピュータのデータベースで集中管理し、ある特定の売り場だけでなく全国の店頭で、あるいは提携先も含めた複合的な施設で使えるように情報共有の枠を広げ、クレジットカードと合体させ、かつPOSと連動させることでより詳しい情報を格納できる仕組みとして導入されているのが、今の小売業のポイントカードシステムです。

　しかし残念ながらこうしたポイントシステムが必ずしも成果を上げているとは限りません。顧客データシステムで多くの企業が陥る落とし穴は「とりあえず導入して顧客データを貯め、その使い方は後で考える」という考え方です。CRMでもポイントシステムでも失敗の原因はいつもこのイージーな考え方です。最初にデータの使い方をしっかり考えてそれに最適化して構築されたシステムだけが役に立てる、ということを忘れてはなりません。

　やりたいことを先に考え、それを実現するツールのひとつとしてシステムを導入する、という基本的な考え方から外れたシステムでビジネスの問題を解決した例はおそらくひとつもないでしょう。

重要なトピック

マーケティングにおける Webサイトの役割

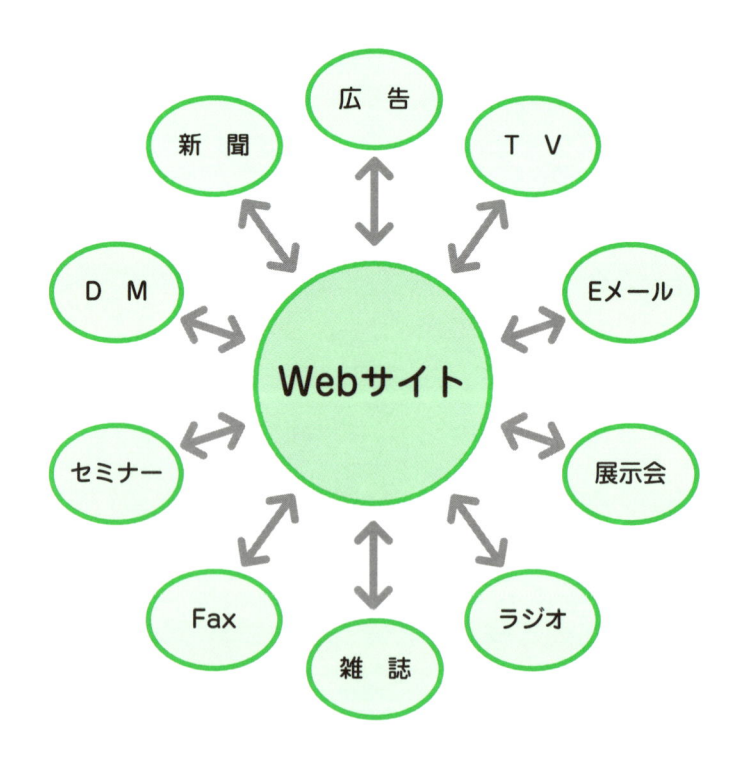

コミュニケーションの中心はWebサイト

- 広告
- TV
- Eメール
- 展示会
- ラジオ
- 雑誌
- Fax
- セミナー
- DM
- 新聞

中心：Webサイト

コミュニケーションの中心はWebサイトへ。他メディアはWebサイトへ誘導するための補助メディアに

　現在では企業のコミュニケーション戦略上、必須のツールとなったWebサイト（ホームページ）。しかし、戦略的にWebサイトを活用できている企業はごくわずかです。ここではマーケティングの観点から、改めてWebサイトの役割を整理して考えたいと思います。

　インターネット上に開設される企業のWebサイトはもはやひとことでは表現できないほどの役割を持っています。新卒の求人、中途の採用、PR、上場企業ならIR、会社概要、製品情報にセミナーやイベント情報など、非常に多くの情報の発信を担っています。

　しかし、マーケティングに限って言えば、Webサイトを私は「マーケットとのコミュニケーションのメインプラットフォーム」と呼んでいます。それはほかのメディア「新聞・雑誌・テレビ・ラジオ・ダイレクトメール・Fax」などと比較すると「双方向性」「リアルタイム性」「双方からの利便性」「検索性」「格納できる情報の圧倒的な量」「コスト」などあらゆる面から「メインプラットフォーム」になる要素を備えているからです。マーケティングの中の少なくとも「コミュニケーション」に関してはWebサイトを中心にほかのメディアを補助メディアとして設計する時代が続くでしょう。

　2001年頃にアメリカに出張した時に、ホテルのテレビで「釣りのWebサイト」のCMを流していました。最初に画面いっぱいにURLが出て、その後に釣り竿を持ったおじさんが出てきます。そして「釣りが好きならこのサイトにおいでよ、今どこで何が釣れているか？ 道具のオークションやバーゲン情報、釣り好きのためのフィッシングツアー、コミュニティ、とにかく絶対面白いからここにおいでよ！ 待ってるよ」と早口でまくしたてて最

後にまた画面いっぱいにURLが出て終わり、そういうCMでした。
　実はこの頃アメリカではネットバブルと言われて多くのオンラインビジネスが立ち上がってどんどん消えていきました。多くの倒産の原因になったのはテレビなどのマスメディアを使った宣伝広告費でした。この釣りサイトもそうした中のひとつだったのかも知れません。しかし、15秒や20秒のテレビCMで表現できることには限界があります。テレビやラジオには時間という制限が、新聞や雑誌には紙面の面積という制限があります。そこでそうした制限付きの高価なメディアはWebサイトにナビゲートするためだけに使い、来てくれた人に何かを買ってもらったり、会員登録してもらったり、オークションに出品してもらうのはWebサイトでじっくりやろうという戦略だったのです。

　テレビなどのマスメディアは広告費が非常に高くつくので、その頃のネット企業が倒産した時の負債総額はびっくりするような金額でした。しかし、ほかのメディアをナビゲートするための補助メディアと位置づけ、Webサイトで勝負するという基本戦略が間違っていたとは思えません。
　双方向性やコンテンツの深み、情報のメンテナンスの容易さなどどれをとってもWebサイトはそれだけの力を持ったメディアだということは間違いないからです。

> もしあなたがWebサイトの
> リニューアル担当者になったら……

　Webサイトをリニューアルする際、担当者は「インターネットで誰とどんなコミュニケーションをしたいのか」を明らかにする必要があります。

　上場企業ではWebサイトにIR（投資家情報）を必ず掲載しますが、株を買う人はさまざまです。海外投資家を意識するなら英語でのIRが必要ですし、外国の株式市場でスタンダードな企業評価指標でレポートする必要があります。国内の個人投資家にたくさん株を買ってもらいたいなら難しい用語は極力避けて、分析指標にも噛み砕いた解説が必要です。製品やサービスを主婦や年配者の視点で紹介したり、株主優待も細かく記載すべきでしょう。つまりコミュニケーションしたい相手を明確にしなければ何も決まらないのです。

　採用に力を入れている企業では中途と新卒のWebサイトを分けて作ることは珍しくなくなりました。修士号や博士号を持っている理工系の学生を採用したければ別の採用Webサイトが必要かもしれません。検索最大手のGoogleは屋外広告に極めて難解な数学の問題を掲載し、その問題を解けた人だけがたどり着けるWebサイトを作りました。こうしてコミュニケーションする相手を選別しているのです。

　Webサイトを作るにあたって最も避けなければいけないことは、社内の声の大きい人に合わせて作ることです。多くの場合は目的とはかけ離れたサイトになります。特に制作会社をコンペで決める時によく起こる問題です。コンペに応募した会社は落札したいので、最も影響力のありそうな人に合わせたデザインを提案します。社内の影響力のある人は、大抵は「実際に見てほしい人とはまったく別のセグメント」に属する人です。

　「誰とどんなコミュニケーションがしたいのか」。このディスカッションにはいくら時間を掛けても掛け過ぎということはありません。

重要なトピック

メディアとしてのEメール活用法

Eメールの長所

コスト
実質0円！配信サービスを使っても圧倒的に安い

Webサイトとの親和性
メールの中にURLを埋め込めばサイトに誘導できる

同期性の低さ
相手の時間を拘束しない。いつでも読めるし、いつでも返信できる

低コストで、Webサイトとの親和性が高く、相手の時間を拘束しない Eメールはとても優れたメディアです

　今までダイレクトメールで行っていた顧客や見込み客とのコミュニケーションチャネルをEメールに転換しようというのは自然な流れです。その理由はまず圧倒的なコスト差があります。

　例えば5,000人に新製品やセミナーの告知をする場合、封書のダイレクトメールを送るとデザイン・印刷・封入封緘・郵送料などでどうしても1人あたり200円以上は掛かってしまいます。1回で100万円のコストが掛かるのです。アウトバウンドのテレマーケティングですと電話を掛けるコストが1人あたり300～500円掛かります。1回で約200万円のコストです。しかしEメールであれば、社内にメール配信サーバがあれば実質0円です。メール配信サービスと契約しても、その月額料金で3～7万円で、1人あたりのコストは10円程度です。ここまでのコスト差がある以上どの企業も、Eメールをメインチャネルにと考えざるを得ないと思います。

　また、Eメールにはインターネット上のWebサイトと非常に高い親和性があります。Eメールの中にURL（Webサイトの住所）を埋め込んでおいて、「詳しくはここをご覧ください」とナビゲーションすることでもっと詳しい情報や製品の写真や、セミナーの動画、そしてグラフやイラストがあるWebサイトに来てもらうことができます。「Eメールで新商品を紹介し、Webサイトにご案内（ナビゲーション）して現物の写真や購入者の生の声を聞いてもらい、そこからお試しキャンペーンに申し込んでいただく」というキャンペーンをすべてインターネット上でEメールとWebサイトを連動して実行することができるのです。

またEメールの本当に優れた点はこうした送り手の都合だけではありません。「同期性」が低いチャネルなので相手にとって最も重要なリソースである「時間」を拘束しなくて済むのです。相手がどこで何をしていようが関係なく、インターネット上にある相手のメールボックスにメールを送るだけなのです。相手も自分の都合の良い時間にメールボックスにアクセスしてメールを読むことができ、必要ならすぐに同じ方法で返信することもできます。

　このEメールを使うにあたっての注意点は「配信拒否を受けないようにする」ことです。Eメールは簡単に送れますが、逆に簡単に配信拒否依頼をすることもできます。明示的に配信拒否をされてしまうと、もうそのアドレスに対してEメールを配信することはできなくなってしまいます。配信拒否をされないためには、

1. 受け取る人にとって有益な情報の割合を増やし、一方的なセミナー情報や製品情報だけにしない
2. ある程度の間隔を空けて配信する（同じ相手に週に3通以上のメールを配信すると配信拒否率が高くなります）

の2点に注意してください。またメール配信1回ごとにリストメンテナンスして配信拒否や不達処理を行わなければなりません。特に配信拒否の処理は大きなクレームになることがありますので重要です。

アンケートをどう実施し、どう使うべきですか？

　顧客アンケートを実施する際の注意点についてお話しします。アンケートの目的は2種類あります。ひとつはアンケートをメッセージとして使う場合です。「私たちは顧客の声に真摯に耳を傾けています。ご意見があれば何でも言ってください」というメッセージをアンケートという形で表現しています。ファミリーレストランなどにある調査表などがこれにあたります。多くの場合フィードバックもありませんし、苦情の処理以外に分析されたりすることもありません。

　もうひとつは本当に何かを知りたい時のアンケートです。商品開発のヒント、価格、競合との差別化要因など企業が顧客に聞きたいことを質問するアンケートです。この場合のポイントはできるだけ具体的な設問にすることです。

　例えば「弊社の社員のサービスレベルはいかがですか？　A／B／C」などという設問ではほとんどの人が中間の「B」と回答します。具体的でない質問には曖昧に回答するしかないからです。
　しかし「在庫について問い合わせた時の弊社の担当者の対応は迅速ですか？　A.迅速／B.迅速ではないが我慢の範囲／C.遅い」という設問にすれば明確な答えを得ることができます。
　具体的な答えが欲しければ具体的な設問を、大まかな答えが欲しければ大まかな設問をしなければなりません。

　最もいけないのは大まかな設問で集めた答えを細かく分析することです。これは分析者の好きなようにレポートが書けてしまい、真実に基づかないレポートを頼りに意思決定することになるからです。

重要なトピック

広告戦略

16

広告を構成する2つの要素

メディアプラン
数ある媒体の中で、どれが自社のターゲットに最もリーチできるか？

＋

メッセージ
広告を見た人たちにどんなメッセージを伝えたいのか？

・性別は？
・年代は？
・所得層は？

・楽しさ？
・信頼性？
・高級感？

＝ 広告

広告効果を上げたいなら「メディアプラン」と「メッセージ」を考え抜きましょう

　あなたが広告で効果を上げようと思っているなら、注意すべきは2点あります。

　まず「メディアプラン」です。数多くの広告媒体の中でどれが自分の会社のターゲットに最もリーチできるかを慎重に選ばなければなりません。どの広告媒体にも「媒体資料」というものがあります。これには雑誌ならば「発行部数」「実売数」「読者層の基礎データ」「最近実施したアンケートレポート」などのデータが載っています。これを見ればどんな人が何人くらい読んでいるかわかるでしょう。

　例えば「ゴルフ雑誌」は何冊も出版されています。しかしゴルフ雑誌それぞれの媒体資料を分析すると面白いことがわかります。書店で売れているものと駅の売店で売れているもの、コンビニで売れているものが明確に違うのです。通勤の帰りに駅で買って、家に着くまでの1時間ほどで読みきって捨ててしまうものもあれば、スコアを上げるためにレッスン代わりにしっかり読むものでは明確に違うのです。当然スコアを上げる目的で購入する雑誌は捨てませんから広告媒体としても価値が高く、広告費も高いのです。

　女性雑誌は年齢やライフスタイルごとに細かいセグメントで数多く出版されています。同じ出版社なのに表紙デザインやイメージキャラクターがまるで違いますし、当然編集チームもまったく別です。つまりテレビや新聞に比べると雑誌は読んでいる人々がかなり明確にイメージできる媒体なのです。

2番目はメッセージです。ターゲットにリーチできるメディアプランができても、メッセージが悪ければ何も伝わりません。

　メッセージのうまさで言えば現代の企業の中でもAppleは抜きん出ています。全米が注目する故に天文学的な広告料のスーパーボウルの枠で伝説的なCMを流したり、物理学者のアインシュタインを登場させて「Think differentキャンペーン」を展開したり、ライバルのMicrosoftのビル・ゲイツ会長によく似たキャラクターを「PCガイ」として登場させて、掛け合い漫才のようにWindowsをこき下ろしたこともありました。こうしたコマーシャルを通じて「独創性」「スマートさ」「楽しさ」「セキュリティ」などをメッセージとして送り続けています。

　日本のCMの中では私はJR東海のキャンペーンCMが好きです。京都を題材にした美しい映像を見ると「京都に行きたい！」と強烈に思いますが、その瞬間「そうだ京都、行こう。」というコピーが流れてきます。心憎い演出です。ターゲットがそれを目にするシーンまで計算し、考え抜いたメッセージは非常に大きな効果を生みます。
　反対に明らかに低予算で作ったことがわかってしまうコマーシャルは考えものです。「私たちはお金がないのでまともなコマーシャルを作れません」というメッセージを発信することになるからです。そんなメッセージを流すくらいなら、予算内で使える媒体で効果的なメッセージを出したほうが良いに決まっています。

広告予算の目安と配分を教えてください

広告予算の目安は特にないと思っています。売上の〇％と言う人もいますが、そもそも今のブランド力やマーケットの特性によって使うメディアも違うはずです。メディアが違えば掛かる予算もまったく違います。ネット広告に1億円の予算を組めば相当なキャンペーンができますが、テレビのゴールデンタイムにCMを流そうと思えば1億ではどうにもなりません。

またブランドを作る時に経営バランスを崩すほどの広告費を集中的に投入する戦術もあります。今や大手となったアート引越センターは、創業間もない頃に年間売上に匹敵するほどの広告予算を割いてテレビCMを展開して、一気にブランドを作りました。「集中と選択」という経営のセオリーはマーケティングにもそのまま当てはまります。

ただ、マーケティング費用の中の広告費の配分は考え直す必要があります。多くの企業では年間のマーケティングやセールスプロモーションに掛かる費用を計上すると、その中の大部分をマスメディア広告に割り当て、わずかな残りをイベントやダイレクトコミュニケーションやネット広告に配分しています。

しかし、明らかにマスメディアよりダイレクトメディアで、あるいはオンラインメディアでコミュニケーションするべき企業や製品もあります。特にBtoBや会員制のサービスなどの特定のターゲットを狙うビジネスモデルの場合ではマスメディアではなくダイレクトメディアを使わないとほとんどの場合効果は出ないのです。

マーケティングコストの配分は企業経営にとっては非常に重要なテーマです。今までと同じとか、毎年広告を出しているからという判断ではなく、今必要な投資という基準でもう一度考えてみてください。

重要なトピック

米国ハイテク業界における
マーケティングの"バイブル"

● キャズム　ハイテクをブレイクさせる「超」マーケティング理論

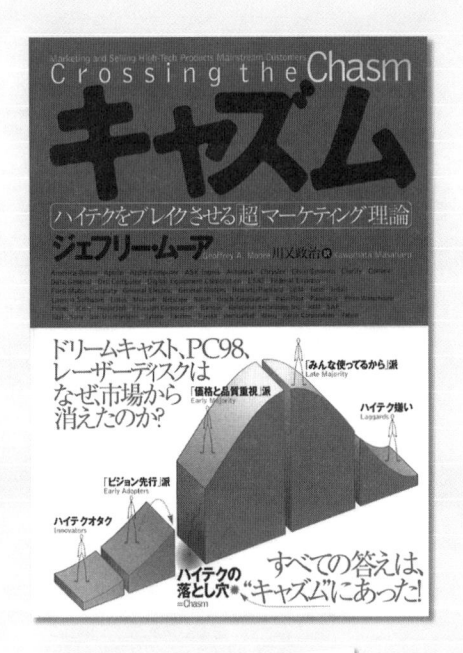

概要

毎年、多くのハイテク製品が開発されて市場に出回るが、人知れず消えてゆく製品も多い。本書はマーケティングの視点からその理由を「初めて」解説した画期的な書。「キャズム理論」は、いまや米国ハイテク業界の常識となっている。

ジェフリー・ムーア／著
川又政治／訳
翔泳社
2002年1月刊行

目次

序章	ビル・ゲイツが億万長者になれるなら
第1章	ハイテク・マーケティング　錯覚
第2章	ハイテク・マーケティング　悟り
第3章	Dデー
第4章	攻略地点の決定
第5章	部隊の集結
第6章	戦線の見定め
第7章	作戦の実行
終章	キャズムを越えて

本気で
読みたい！ **2**
ブックガイド

　この『キャズム』はハイテクマーケティングの世界ではバイブルと呼ばれる一冊です。米国でマーケティングの話をする時にこの本からの引用が多く出てくるのですが、ハイテクマーケティングに関わる人でこの本を読んでいない人などいないという前提で話が進みます。
　この本の特徴は何と言っても著者ジェフリー・ムーアのキャリアから来るリアリティでしょう。
　ムーアは、米国有数の名門スタンフォード大学やワシントン大学で英文学を専攻し博士号を取得しています。彼の著作が読み物としても面白く、優れた比喩を使い、時にユーモラスにわかりやすく書かれているのは、こうした文学のバックボーンがあるからでしょう。その後、ランド・インフォメーション・システムというソフトウェア会社を皮切りに3〜4社のハイテク企業でマーケティングやセールスマネージャーとして勤務した後、その経験を活かしてレジス・マッケナグループに参加します。当時ハイテクマーケティングの元祖とも言われたレジス・マッケンナ氏が創業し、アップル、インテル、タンデムなどのシリコンバレー創成期のハイテク企業をクライアントに持つ、当時世界有数のマーケティングコンサルティングです。ムーアは、それまでの経験と、マッケナグループのナレッジを組み合わせてハイテク分野の戦略・マーケティングコンサルタントとして活躍し、さらにベンチャーキャピタルの経営にも参画して、今度は投資家として投資先の選定やスタートアップ企業の経営の梃入れなども経験します。
　こうした複合的なキャリアが、この本の多面性とリアリティのベースになっています。時にベンチャー企業の経営者の立場で、時に投資家の目線で、時にマーケティングコンサルタントの立ち位置から、学者とはまったく異なる視点が文学博士の表現力と化学反応を起こして、最高に面白い経営戦略本ができたのです。

3章
現場での心得

マーケティングの実務に役立つ実践力や
判断力を鍛えるための
心得を紹介します。

現場での心得

01 広告媒体・オンライン広告

広告媒体のいろいろ

従来型の広告媒体
・新聞
・雑誌
・ラジオ
・交通広告
・屋外広告

インターネット広告
・バナー広告
・メール広告
・アフィリエイト広告
・リスティング広告

- 実に多くの広告媒体があります
- それぞれの特性を踏まえて上手に組み合せましょう

　広告媒体と一口に言っても本当に多くの媒体があり、しかも年々その数は増えています。

　マスメディアの代表である新聞も、読売、朝日、毎日などの大手一般紙もあれば日経、工業新聞などの経済紙や、鉄鋼新聞などの業界紙、そして地方紙まで含めるといったい日本にどれくらいの新聞が発行されているのかわからないほどです。
　雑誌は創刊、廃刊を繰り返して総数は増えていますし、一部の雑誌の売上は電車の中吊りという交通広告媒体が支えています。
　テレビやインターネットの普及でラジオという媒体はなくなると言われましたが、今でも地方FM局の人気は健在です。それどころかAppleがiPodとiTunesを使ったPodcastというインターネットラジオを普及させて、新しいメディアとして注目されています。
　テレビは相変わらず強く、最も影響力のある媒体です。
　交通量の多い場所での屋外広告も効果絶大です。渋谷の交差点で信号待ちをしている人の多くはビルの壁面にある液晶広告を見上げています。特に屋外広告に大きな予算を割いているのが消費者金融です。

　そして広告媒体の中で最も重要なもののひとつがインターネットです。主なものとその特徴を紹介します。

【バナー広告】

　Yahoo! JAPANや新聞社のサイトなどに行くと、画面の右下や上に四角

い枠で囲まれた広告が出てきます。クリックするとその広告主のWebサイトにアクセスします。これが「バナー広告」です。縦長で画面の上から下まで繋がっている「スカイスクレーパー」というタイプもありますが仕組みは同じです。

【メール広告】

　メールマガジンやメールニュースと呼ばれるメールの中に挿入されるタイプの3行や5行の広告をメールマガジン広告と呼びます。メールのヘッダー（頭の部分）やフッター（最後の部分）などの掲載場所によって料金が違います。

　特定の情報についてのメール受信を許諾（オプトイン）した利用者に対して、その関連のメール広告を配信するものをオプトインメール広告と呼びます。

　登録者のデータから年齢・性別・職業・地域などの属性で対象を絞り込んで配信するタイプのメール広告をターゲティングメールと呼びます。1本のメールをまるごと配信できるのでレンタルリストに近いタイプと言えます。

　バナー広告はクリックして自分のページへアクセスを待つ「プル型」の手法ですが、メール広告は積極的にメッセージを送るので「プッシュ型」と呼ばれます。

【アフィリエイト広告】

　あるテーマについて集客力のあるサイトからリンクを張って誘導し、購買や登録をさせ、そこからの売上に対してお金を払う手法がアフィリエイト広告です。Amazonを短期間に世界一の書店に成長させる原動力となりました。

【リスティング広告】

　リスティング広告とは、Yahoo! JAPANやGoogleなどの検索サイトで、打ち込んだ検索ワードに応じて検索結果ページの上部や側部にリストのように表示される広告のことです。

ブログはマーケティングに使えますか？

　この質問には2つの回答をする必要があるでしょう。ひとつは「ブログシステムはマーケティングに使えるか？」、もうひとつは「ブログはマーケティングに使えるか？」というものです。

　まずシステムの方から回答しましょう。ブログシステムというのはCMS（コンテンツマネジメントシステム）の一種で、ワードやエクセルに文章を書いたり写真を貼ったりする感覚でWebサイトのコンテンツを作れるのが特徴です。これを使えばWebデザイナーに依頼しなくても自分で更新できるので、情報更新の多い大型企業Webサイトなどで利用されてきました。デザイン的な制約を受けることにはなりますが、最初のデザインだけプロのデザイナーに依頼すれば、あとはテキストや写真だけを自分で更新してデザインテイストを保ちながら更新できます。ですから「ブログシステムはマーケティングに使えるか？」という質問の答えは「Yes」です。

　「ブログはマーケティングに使えるか？」という質問への解答は「？」です。確かに有名人のブログへのアクセスは凄いものがあります。閲覧者数も凄い数ですし、時にはブログ上で喧々諤々の議論や喧嘩が始まって「炎上」と言われる状況になることもあります。しかしそうしたブログはごく一部で、大半のブログはただの公開日記になっています。それでも毎日何か書かないといけないという切迫観念があるらしく、今日のランチとか、こんな雲が浮いてた、電車の中でこんな人を見て不愉快だった、などと写真入りのコメントになっているブログが多いようです。少なくとも私は他人のランチに興味はありませんし、やたらと揚げ足を取るようなコメントにも閉口します。それが匿名なら尚のことです。よく「庭山さんもブログを書きませんか？」と誘われますがおそらく今後も書かないだろうと思います。何かを発信したいなら、よく考えてじっくり推敲したものを世に問いたいと考えています。

現場での心得

セミナーの効果的な活用法
02

なめらかな誘導が大事

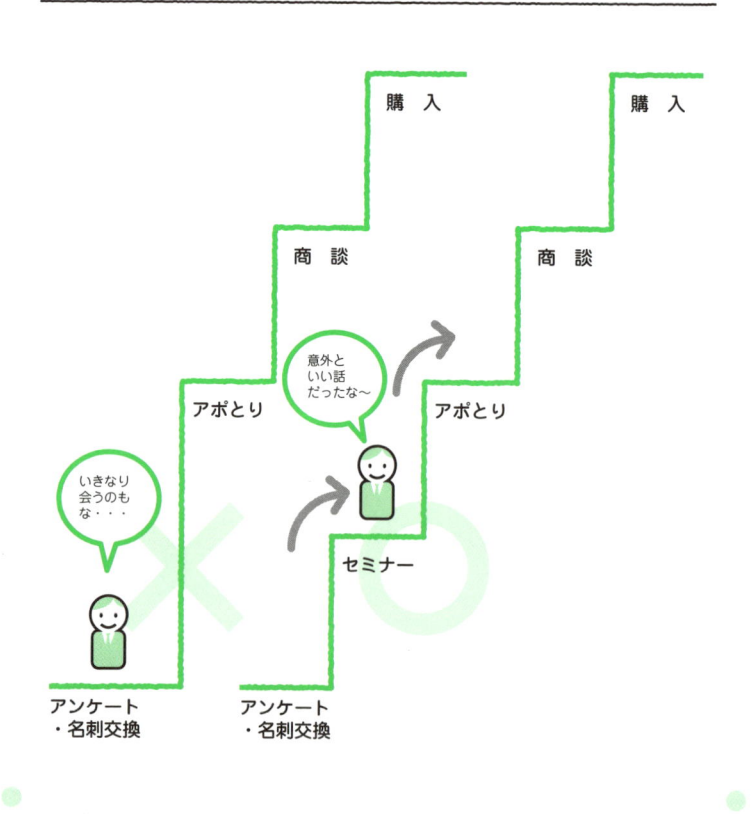

購入 — 購入

商談 — 商談

アポとり — アポとり

「意外といい話だったな〜」

セミナー

「いきなり会うのもな・・・」

×　○

アンケート・名刺交換　　アンケート・名刺交換

見込み客データをきちんと管理し、メールマガジンなどで定期的にコミュニケーションを図りましょう

　多くのマーケティング担当者が、セミナーの集客に非常に苦労しています。メールや広告などの告知だけでは定員が埋まらず、結局営業にお願いをしたり、新入社員をサクラで並べたりしているという話も聞きます。もはやセミナーを開催する意味が本当にあるのかわからなくなってしまうほどです。弊社で配信しているマーケティング担当者向けのメールマガジン「マーケティングキャンパス」でもセミナー集客の特集を組むとクリック数が跳ね上がります。

　でも、セミナーの集客が大変だということと、セミナー自体に意味があるかないかは別の問題です。集客については自社内で見込み客データをきちんと管理し、メールマガジンなどで定期的なコミュニケーションを継続する以外に方法はありません。私の会社はまだブランドができていない会社ですが、毎月開催するセミナーで集客に苦労することはありません。メールで告知するだけで満席にすることができています。

　BtoB企業でマーケティングの設計をする場合、気をつけなければならないのは「ステップの刻みが粗すぎる」という点です。例えば展示会でアンケートを集めてからいきなり全件に電話を掛けてアポイントを取るのは「刻みが粗すぎる」のです。これではアポイントを取るか取れないかのゼロサムになってしまい、減衰率が高過ぎます。マーケティングではひとつのステップが粗ければ粗いほど、そこで多くの見込み客が減衰してしまいます。

　つまり、お客様の立場から見れば「展示会のブースに立ち寄ってアンケートを書く」の次が「営業に会うか会わないか」になり、「会う」を選択すれば次は「買うか買わないか」という選択しかないのです。

しかしマーケティングの役割はこうした粗い選別をすることではありません。どんなに素晴らしい製品やサービスでも競合製品を購入したばかりの企業に売ることは難しいはずです。担当者が乗り気でも社内にニーズがなくては売ることはできないでしょう。しかし、そういう見込み客でも長いスパンで育てれば、次のビジネスチャンスに土俵に乗ることはできます。購入した競合製品に不満を持つことだってあるはずです。こうした育成をミッションにするマーケティングにとってはステップを細かく刻むことが重要であり、その中の特に重要なステップがセミナーなのです。

　製品やサービスに興味はあるが、営業に来てもらうほど社内のニーズが顕在化しているわけでない、という人にとって30人、50人という人数で聞けるセミナーは便利な存在です。特にBtoBでは、担当者は社内に説明するために情報を収集する必要があるので導入事例が聞けたり、デモが見られるセミナーほど重要な機会はありません。
　営業にとってもセミナーに参加して製品やデモを見ていただいて、アンケートに「詳しい説明が聞きたい」「価格が知りたい」などと書いてくれた人を追いかけるほうがはるかに効率が良いのです。
　セミナーはお客様から見ても、営業から見ても非常に重要なプロセスです。是非安定して集客できる仕組みを作ってセミナーを効率良く開催してください。

展示会で効果を上げる方法を教えて！

　個人情報保護法が施行されてから、マーケティングに必要な見込み客のリストを手に入れる方法が大きく制限されました。有望な見込み客リストを収集できる機会として展示会以上のものはありません。以下に、効果を上げる2つのポイントを書きます。

【展示会の目的の変化】
　企業が展示会に求める役割は「ブランディング」と「見込み客獲得」でしたが、ここ数年で「見込み客獲得」の重要度が増しています。それは広告代理店や制作会社を集めたオリエンテーションで、集めた名刺をどう活用するのか、という提案を求める企業が増えていることでも明らかです。
　展示会で収集する見込み客1人の獲得単価を算出してレポートにしておくと、展示会を比較して予算配分をする時に便利です。また収集する名刺やアンケートの数が同じでも出展コストを抑えれば獲得単価を削減できます。出展の小間数と収集する名刺の数は実はあまり比例しないのです。

【欧米のビジネスショーと日本の展示会の違い】
　日本の展示会の来場者平均滞留時間は4～5時間です。半日で多くのブースをさっと見て回るという人が大半です。ひとつのブースでの滞在時間は平均で12～13分と言われています。来場者は今年の各社の雰囲気や新製品情報、トレンドなどの情報を「広く浅く」収集して足早に自分の会社へと帰って行きます。エグゼクティブが飛行機を乗り継いで来場し、深い商談を交わす欧米とはまったく異なる来場者層と行動です。
　法人営業に関しては、日本は欧米と大きく異なる商慣習の中にいます。オラクルのように世界中でダイレクトセールスを展開している企業でも、日本でのみ徹底したパートナー販売を行って大成功しています。日本の商慣習に合った展示会の活用でしか成果は出せないのです。

現場での心得

DM戦略 03

「紙」のすごさを引き出そう

紙 いつでも読める＆礼儀正しい、凄い媒体

ダイレクトメール・カタログ

配送 参入者数が増えサービスも多様化

印刷 部数が増えると急激に割安に

いつでもどこでも見られるメディア
現代においても「紙」は、
重要なコミュニケーションツール

　インターネットや電子メールがこれほど普及した現在、紙のダイレクトメール（DM）やカタログはどのように活用すべきでしょうか。アメリカではEメールに対して、そのレスポンスの遅さから「スネイル（かたつむり）メール」などと呼ばれるダイレクトメールですが、まだまだ重要なコミュニケーションチャネルとして活躍しています。
　その最大の特徴は紙というメディアを使うことと印刷という技術、そして配送手段に依存する点です。そこで「紙」と「印刷」と「配送手段」の3点から説明しましょう。

【紙】

　現代では過小評価されていますが紙は実は凄いメディアです。情報を閲覧するのに電源もデバイスもドライブも一切必要ありません。こんなメディアは他にないのです。
　テレビ番組は電源とアンテナに接続されたテレビがなければ見ることはできません。ラジオ番組も同じです。EメールはLANかモバイルでインターネットに接続可能なコンピュータにメールソフトがインストールされ、正常に設定されていてはじめて読むことができます。狭い電車の中でノートパソコンを広げるのは抵抗がありますし、動いている電車の中ではうまくインターネットに接続できません。スマートフォンももちろん充電された状態で電波の届くところにいてはじめて機能します。
　しかし、紙はそれ以外に何も必要ないのです。いつでもどこでも見られます。大して場所もとらないので、電車の中でも読むことができますし、電源もソフトウェアの起動も必要ありません。

そしてもうひとつ。紙は最も礼儀正しいメディアとして位置づけられています。式典の正式な招待状や礼状、経営者の交代の挨拶状などは今でも紙で郵送されます。

紙は便利で礼儀正しい素晴らしいメディアなのです。

【印刷】

印刷の特徴は固定費を印刷枚数で割るという算式でコスト計算できることです。

つまり紙のダイレクトメールの場合、紙代やインク代は非常に安いので、ほとんどのコストはその前工程である「撮影・ライティング」「デザイン・レイアウト」「刷版」「印刷」「断裁・製本」というコストです。これらは10枚でも10万枚でもほとんど変化がないものです。ですから100万円かけて1,000枚印刷したものを、3,000枚に増やしてもコストは101万円になるかならないかという程度なのです。

したがって数が多くなれば1通当たりのコストは安くなり、逆に数が少ないと非常に高くなります。

【配送手段】

ダイレクトメールの配送手段は昔は郵便しかありませんでした。ですからダイレクトメールを多く出す企業のマーケティング担当者は郵便の割引システムだけを勉強すればよかったのです。しかし今では多くの運送会社が郵便に代わるサービスを持っていますし、他の配送物に同梱して送る「同梱サービス」も出てきました。

これらに対抗して郵便局も多くのサービスを開始しましたし、今後も多くのサービスをリリースすると思われます。マーケティング担当者はこれらのサービスのコストや配送に掛かる時間などを総合して使う手段を選ぶ必要があるでしょう。

テレマーケティングって有効ですか？

　電話は最も効果的なコミュニケーションチャネルのひとつです。直接話すことで相手のニーズを聞き出すことができ、親しくなることもできます。訪問のためにアポイントを取るのはやはり電話が最適です。

　しかし、一方で電話は相手の最も重要なリソースである「時間」を拘束してしまうチャネルです。電話が最もクレーム率の高いチャネルだという理由はここにあります。相手の大切な時間を拘束してしまうので「二度と掛けるな！」と怒られてしまうのです。この点は十分に気をつけてください。

　さらに電話に関しては、運用方法について模索している企業が増えています。今後の方向性としては、BtoC、BtoBを問わず、顧客からの電話を受け発注を担当し、収益を生む部門のコンタクトセンターは社内整備の方向で進化。カスタマーサポートやアウトバウンドのアポイントコールなど、直接収益を生まない部門はアウトソーシングが進むでしょう。

　しかし、専門知識が必要な場合はやはり社内で持つほうがよいでしょう。なぜなら営業部門との密接な連携が必要になり、場合によっては営業の一部として組織化されなければならないからです。

　なお、こうした部門をマーケティング部門の下に置くか、営業部門の下に置くかは企業によって異なりますが、もし営業がマーケティング部門などの他部門に訪問スケジュールを入れられることを拒まないのであれば、マーケティング部門の中に組み入れたほうが効率はよいでしょう。そうすればこのコール部隊はアポイント取りだけでなく、メールアドレスのない見込み客への電話や、セミナーの参加確認などでも活用できてコールスタッフを遊ばせることなく活用できるようになります。またマーケティング部門に置いておけば、マーケティング活動のより正確な効果測定が可能になります。

現場での心得

CRM 04

顧客との関係づくりをサポート

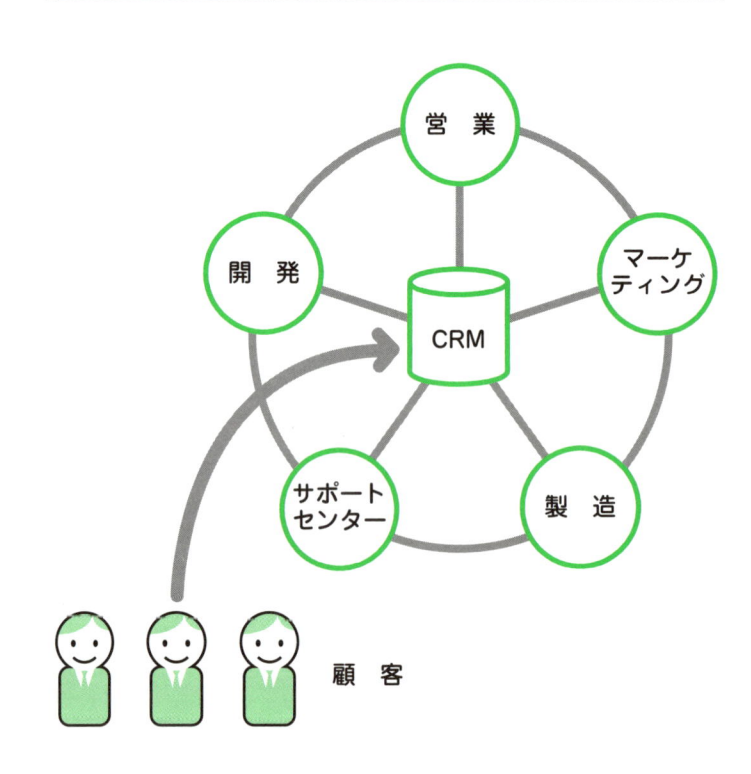

- 営業
- マーケティング
- 製造
- サポートセンター
- 開発

CRM

顧客

LTVを獲得するための顧客情報を格納するデータベースシステムとしてCRMは開発されました

「CRM」を導入する企業が増えてきましたが、CRMとはどういうものかご存知でしょうか？ CRMとは「カスタマー・リレーションシップ・マネジメント」の略で、直訳すると「顧客関係管理」という意味になります。

ライフタイムバリュー（LTV）を獲得するためにはどうしても顧客情報を格納するデータベースが必要です。この顧客情報を格納するデータベースシステムとしてCRMは開発されました。

ライフタイムバリューを確保するために最も重要で確かな顧客情報は「購買履歴」です。「来店してくれた」「手にとって見てくれた」「誉めてくれた」などの情報も重要ではありますが、「お金を出して購入した」という行動は何よりも確実なメッセージなのです。口を極めて誉めてくれるより「買い続けてくれる」という無言の行動のほうが確かな「顧客満足」を示しています。

ですからCRMは「購買」を起点にして設計されています。「いつ、誰が、何を、何個、いくらで、買ってくれたのか？ それは何に使うのか……」。そうしたデータを安全に蓄積して、それを分析することでライフタイムバリューを獲得するのです。

こうしたCRMを後ろに持ったオンライン通販のWebサイトをECサイトと呼びます。BtoCではAmazon、L.L.Bean、BtoBではDellやアスクルなどが代表選手でしょう。

購買の後は主に継続、つまりクロスセル、アップセルなどを管理しますが、このほかにも支払い状況、返品状況、クレームや問い合わせなどの情報も管理する必要があります。サービス業なら施設やサービスの利用状況が最も重要な指標になるでしょう。利用にしても、購入にしても「購買」という

現場での心得

　行為が発生しますからCRMの上で管理し、その利用データからもっと買ってくれそうな顧客や顧客満足度の下がった顧客、会員ビジネスなら退会予備軍などを識別してアクションプランを立てることも可能です。

　さらに高度な使い方としては「お勧め」の機能を持たせることができます。Amazonで本などを買ったことがある人はおわかりだと思いますが、「この本を買った人はこんな本も買っています」とか、「あなたのお気に入りの作家が新刊を出しました」というお勧めをしてくれます。これは「レコメンド機能」といってCRMの得意技のひとつです。こうした機能は「有能な販売員」が店頭などで提供していたサービスをシステム化したものです。CRMを裏に持ったECサイトは、有能で途方もない記憶力を持った販売員をインターネット上に置くようなものだと考えてもよいかもしれません。

　CRMのルーツは1880年代にキャッシュレジスターメーカーNCRの経営者がキャッシュレジスターを購入してくれた顧客情報を管理するために考えた仕組みだと言われています。しかし日本にはもっと昔から富山の薬売りが実践していた大福帳による顧客管理がありました。300年前の話ですから、おそらくこれが世界最古のCRMだと思います。
　それから時代はどんどん変わり、CRMも進化を繰り返しています。顧客情報を管理するCRMと、営業プロセスを管理するツールであるSFA（131ページ参照）はそもそも別のソリューションでしたが、CRMが前工程に、SFAが後工程に機能を伸ばした結果、この両者の境目がほとんどなくなってしまいました。言葉としては「CRM」が生き残り、どうやらSFAはCRMの中のひとつの機能（モジュール）として位置づけられるようになっています。

SFAって何ですか？

　SFAとはSales Force Automation（セールス・フォース・オートメーション）の略語で、主にBtoBでの営業案件管理を目的として開発されました。もっとシステマチックに営業部門の生産性を上げたい時に導入するのがSFAです。以下の2つの得意技があります。

【営業プロセスの可視化】
　透明なパイプをイメージしてください。その中に営業案件が担当営業と紐づいて管理されています。入り口が「案件化」で、出口は「受注」か「失注」です。このプロセスを可視化しながら管理します。入り口から出口の間に「ヒアリング」「提案」「役員提案」「見積提出」「価格交渉」「返答待ち」などの営業プロセスがあり、ひと目で今「返答待ち」が何件で合計いくらあるのかがわかるようになっています。
　このプロセスマネージメントがしっかりできるようになると四半期ごとの売上予測をかなり高い精度で把握できるようになります。在庫調整や原材料の仕入れ、工場のラインの組み換えなどにも便利なツールです。

【営業の行動管理】
　営業マネージャーが各営業スタッフや営業所を管理できます。売上や受注はもちろん、毎週の訪問件数や翌週のアポイント数などがわかります。よく営業部長さんがSFAの画面を見ながら「なんで来週のアポイントがこれしか入っていないんだ！」などと部下を叱っている場面を見かけます。
　売れる営業マンは必ず受注調整をします。今月受注できる案件でも目標を達成していれば、それを来月に回して少しでも楽をしようと考えます。SFAは受注調整ができません。透明なパイプに隠し場所はないのです。
　つまりSFAとはこれからの企業にとっては必要不可欠なものであり、営業現場にとっては手強い管理ツールと言えるでしょう。

現場での心得

営業部門との連携

マーケティング部門と営業部門の関係

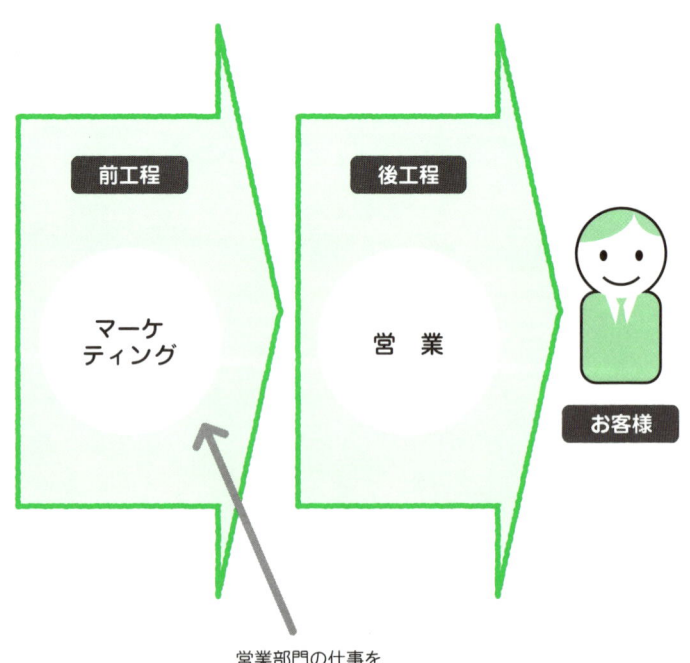

前工程	後工程	
マーケティング	営業	お客様

営業部門の仕事を
サポートすることが仕事

営業部門の役に立たない
マーケティングなど
存在する意味がありません

　製造業向けの生産管理システムを販売する会社の方から相談を受けたことがあります。内容は、昔から営業部門とマーケティング部門の仲が悪く、お互いを見下してまったく協力しない、というものでした。

　確かに日本企業の営業部門とマーケティング部門の間には「深くて暗い溝」があります。実はある雑誌のコラムでこの「溝」のことを書いたら、本当に多くの人から「実はウチの会社も同じで困っています」という話をいただきました。

　残念ながら日本は、欧米と比較してもマーケティング部門と営業部門がうまく連携できていない国です。

　多くの企業の営業部門は自分の会社のマーケティング部門を「お金の使い過ぎだ」「成果が出ていない」「良い見込み客リストを作れない」「顧客データの管理レベルが低い」「広告代理店にいいように騙されている」などと評価しています。一方、マーケティング部門も営業部門に対して少なからず不満を持っています。「展示会などで足を棒にして集めたリストをちゃんと追いかけてくれない」「導入事例などのコンテンツ作りに協力してくれない」「渡したリストが今どうなっているのかフィードバックしてくれない」などで、つまりお互いがお互いを非難しているケースが多いのです。

　マーケティング部門に配属される人は、どちらかというと高学歴で、本をたくさん読んでいてボキャブラリーが豊富で、しかも弁が立ち、かつ物知りな人が多いのです。そういう人の中には、どちらかというと体育会系的なカルチャーを残した営業部門を見下しているような人も存在します。また、マーケティング部門は経営者のブレーンであるから営業部門よりも

上位者である、と勝手に決め付けている人さえいます。「自分たちは経営者のスタッフで、営業はラインだ」という考えです。これではうまくいくはずがありません。

　私はマーケティング活動の評価者は社内の営業部門だと考えています。なぜならマーケティング部門と営業部門は「前工程と後工程」の関係だからです。前工程の仕事やアウトプットを後工程が評価するのは当たり前のことなのです。営業が認めてくれる、つまり営業を本当の意味でサポートするマーケティング活動でなければ予算を確保し続けることはできないのです。

　営業を見下して、多くの予算を使って自分勝手なマーケティング活動を展開し、後工程の営業が成果を上げられず、結局予算を大幅に削られて何もできなくなってしまったマーケティング部門を私は嫌というほどたくさん見ています。

　私はマーケティングのコンサルティングを請ける時に、まず「マーケティングは営業の役に立ってなんぼです。役に立たないのなら存在する理由はありません。営業を本当の意味でサポートするマーケティングを構築しましょう」と宣言してからコンサルティングに入ることにしています。

　「最高のマーケティングチーム」とは、自社の営業から最高に感謝され、頼りにされるマーケティングチームに与えられる称号です。

顧客が本当に望んでいるものは？

　ブティックでコンスタントに売上を上げる店員さんが、必ずしもセールストークがうまいわけではありません。これは飲食店でも、夜の飲み屋さんでも同じだそうです。売上の多い人はほとんど記憶力が良いと言われる人たちです。お客様の顔とお名前を覚える能力が優れているのです。

　そういう人は久しぶりに来店したお客様を名前で呼ぶことができます。忘れられていると思っていたお客様は嬉しいものです。こうして「私はあの店員さんがいる時に買う」「あの人がいないならまた来ます」というお得意様を増やすことができるのです。

　ブティックの店員さんが研修で必ず言われることは「顧客の顔と名前を覚えなさい」ということです。そして、できたら前回お買い上げになったものを覚えて「前回のあれはお気に召していただけましたか？」とさりげなくサインを出すように指導されます。もし並外れた記憶力があれば、以前に購入された服に合うものをお勧めしたり、来店時に着ていたものにコーディネートして「あの時のスーツと、とっても合うと思いますよ」などと言えれば、小売店のサービスとしては最上のものと言えるでしょう。

　良質のサービスを求めるお客様はポイントが欲しいわけでも、景品が欲しいわけでもありません。「自分を覚えてほしい」のです。

　しかし、残念ながら人間の記憶力には個人差があります。来店客数が多い店や、カーディーラーのように買い替え周期が7年近いものでは顧客を記憶するのは難しいでしょう。ですから顧客データベースで、「来店記録」「お買い上げ品記録」などを時系列で管理することが必要なのです。

　顧客データベースを構築してまでコミュニケーションする理由は、この「顧客は覚えてほしい」という真実から来ているのです。

現場での心得

費用対効果の可視化

効果を測る「ROI」の考え方

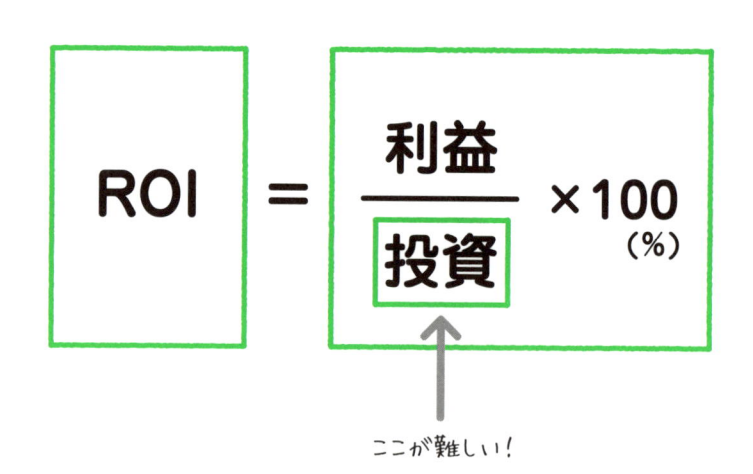

$$ROI = \frac{利益}{投資} \times 100 \, (\%)$$

↑ ここが難しい！

まずは、精密に考え過ぎず、
・展示会については、CPL（リード1件の費用）
・Webサイトなら、CPI（資料請求1件のコスト）
　など、活動ごとの効率を測り、改善を行えば十分！

マーケティングプロセスを細分化しプロジェクト単位で費用対効果をレポートしましょう

　費用対効果を可視化しなさい、ということがよく言われています。特にROI（リターン・オン・インベストメント）でレポートすることを求められるケースが多いです。このROIという言葉に悩まされているマーケティング担当者は今この日本にいったいどのくらいいるのでしょうか？
　科学的に効果測定するのは大事なことですが、実はこのROIはちょっと困った指標です。というのは、インベストメント（投資）もリターン（利益）も定義が非常に難しいのです。そもそもROIとは投下した資本に対して、それがどれだけの利益を生んでいるかを測定する会計指標ですから、一般的にROIを求める式は以下になります。

ROI＝（経常利益＋支払利息）÷（借入金＋社債発行額＋株主資本）×100

　おそらくマーケティング担当者でこれらの数字を正確に答えられる人はいないはずです。そこで、こうした全社単位の会計的なROIではなく、もっと簡単なプロジェクト単位のROIが欲しいところです。単純に

ROI＝利益÷投資×100

　で計算したいのです。しかし問題はやはり分子になる「利益」の定義です。マーケティング活動の費用対効果を利益から算出するとしたら、売上が上がらなければ利益は発生しません。特にBtoBの場合は営業のリードタイムが1年、2年という商材もざらにありますから、少なくともその間は算定できないということになってしまいます。ましてや「イベントの直後にROIで

レポートを出せ」なんて無茶苦茶な話なのです。

　そこで私は、マーケティングプロセスを細かく分けてレポートする手法を提唱しています。例えば展示会であれば名刺やアンケートなどで見込み客のデータ1人を収集するコストをCPL（コスト・パー・リード：見込み客獲得単価）で算定します。これは展示会に掛かった出展費、ブースの施工費、ノベルティ、コンパニオン、運営費などの総コスト（社員の人件費は含まない）を収集した見込み客リストの数で割る計算式で算出し、イベントの指標とします。収集したデータの管理レベルが高くなれば収集リストから既にデータベースに存在する人を引いた「純増数」で計算したり、競合や代理店などを引いた営業ターゲットだけで計算することもできます。

　またマーケティングに軸足を置いたWebサイトなら、制作やホスティングなどのランニングコストを分母に、そこから発生した資料請求やアンケートなどの有望見込み客数で割ったCPI（コスト・パー・インクワイアリー：資料請求獲得単価）で算出します。これは月次でも出せますのでWebサイトの評価には便利ですが、日本ではWebサイトからの資料請求自体が少ないので注意してください。特にBtoBの場合はあまり良い結果は出ませんし、無理に数字を作ろうとしてノベルティを差し上げます、とやってしまうと、後で本当にニーズがあるのか、ノベルティが欲しかっただけなのか見分けがつかなくなってしまいます。

　このようにしてあるプロセスのコストをアウトプットの数で割って1人当たりのコストを算定する手法ならば、マーケティング部門以外から売上や財務などの数値情報を集めなくてもレポートを作ることが可能です。

効果測定はなぜ必要なのですか？

　最近マーケティングや広告の世界でも急に「効果測定」とか「費用対効果」という言葉が飛び交い始めました。これまで長い間、マーケティング部門や広告部門は自分の会社に対して費用対効果をきちんとレポートすることを怠ってきました。しかし、マーケティングはサイエンス（科学）です。証明できなければサイエンスではありません。必要のないものは目の敵にされ、予算も最初にカットされます。掛かった費用の効果を科学的に証明しなくてはタクシー代やクラブの飲み代と同列に扱われてしまいます。

　マーケティングは基本的にお金が掛かります。何をするにもお金が掛かる活動がマーケティングなのです。マスメディアを使った広告はもちろん、PRにも、セミナーにも、イベントにもお金が掛かります。こうしたリアルチャネルは高いからインターネットでやるという会社もあります。これは大きな勘違いです。Webサイトの制作にも、アクセスを増やすためのSEOやリスティング広告にもお金が掛かるのです。マーケティング活動は何をするにもお金が掛かります。ですから、そのお金がちゃんと投資以上の成果を上げていることを説明しないと予算を確保できなくなってしまいます。

　PDCAサイクルをご存知でしょうか？「Plan・Do・Check・Action」の頭文字をとったもので、計画（Plan）して、実行（Do）して、その結果を効果測定（Check）して、そのデータを基に修正（Action）する、というサイクルです。
　これは、効果測定して成果を証明できれば予算が増えることを意味しています。マーケティング予算を10％増やすと売上が必ず15％上がるとわかっていれば、予算を増やさない会社は存在しないでしょう。それを証明できないから予算が確保できないのです。

現場での心得

SWOT分析

トイプードル専門店の「環境」をSWOT分析

	内的要因	外的要因
プラス面	**強み** 都内屈指の品揃え Strengths	**機会** メディアで紹介され トイ・プードルの 人気が高まっている Opportunities
マイナス面	**弱み** 増えてきた遠方からの 問い合わせに対応できて いない Weaknesses	**脅威** 近郊大型店Aが、 トイ・プードル コーナーに注力し 始めている Threats

「環境」に加え、「流通」「マーチャンダイジング」「プロモーション」「オペレーション」の5項目でSWOT分析するのがオススメ

自社の本質的な姿の理解はとても大切です そのための分析手法をご紹介します

　人間を理解するために学校の成績だけ、あるいは100m走のタイムだけで判断しては、その人のことは限定的にしか理解できません。企業も同じで、さまざまな角度から分析しなければ、その企業の本質的な姿は理解できません。

　「SWOT分析」はご存知でしょうか？ SWOT分析とは、企業やグループや個人の**強み（Strengths）、弱み（Weaknesses）、機会（Opportunities）、脅威（Threats）**を評価・分析する手法で、それぞれの頭文字をとって「SWOT」と呼ばれています。

　この中で「強みと弱み」を内的要因、「機会と脅威」を外的要因として整理します。内的要因には人材、財務、技術力などとともにマーケティングの4Pも重要な要素になります。

　また「ブランド」だけを分析したいなら32ページで**企業ブランド、製品ブランド、ソリューションブランド**を説明しています。これを参考に自社を分析してみてください。

　私は企業をマーケティングの角度から理解するための手法として以下のように**【環境】、【流通】、【マーチャンダイジング】、【プロモーション】、【オペレーション】**の5項目でチェックをします。それぞれ説明しましょう。

【環境】

　経営環境の変化をみます。創業時や好況時から経営環境がどう変わったかをチェックします。

【流通】

　BtoBの直販モデルの場合はセールス部門の質と量を、代理店販売の場合はその代理店網の強さと、代理店社内の同一カテゴリー商品の中での優先度をチェックします。

　BtoCの場合は、小売業や施設系のサービス業（レストラン・スポーツクラブ）ならここを「装置」に置き換えて、店舗の内・外装や顧客導線などをチェックします。

【マーチャンダイジング】

　販売している製品やサービスがマーケットニーズを的確に捉えているか、フォーカスしたターゲットセグメントに適合しているかをチェックします。

【プロモーション】

　ターゲットセグメントに情報が届くコミュニケーションチャネルを確立しているかをチェックします。顧客とのコミュニケーション、見込み客とのコミュニケーションなどを分けて見ることもありますし、新規顧客獲得のプロモーション、再利用促進のためのプロモーションなど目的別にチェックすることもあります。

【オペレーション】

　製品開発、価格設定などのマーケティングからセールス、そしてカスタマーサポートなどのアフターサービスがきちんと機能しているかを組織も含めてチェックします。

　このように、マーケティングを構成している要素に分解して分析することで、自社のレベルがわかり、弱いところを強化することができるのです。

競合のお店を分析する簡単な方法、教えます！

　婦人服店を例に、競合店分析の方法を教えましょう。

　まずそのお店を外から観察します。お店に入っていく人を観察すると、ターゲット層が見えてきます。年齢層、服装、乗ってきた車などを注意深く観察すれば手に入る情報はいくらでもあります。

　次に中に入って、広さを確認します。内装工事費、家賃、保証金、そして店頭在庫量などはすべて面積で決まってきます。自分の歩幅、両腕を広げた長さ、手の平の長さなど、自分の体をメジャーにして面積を計算します。間口が5m、奥行きが7mなら35㎡。これに0.3025を掛けると坪数が出ます。約11坪です。

　町の不動産屋に聞けば家賃相場を教えてくれます。坪2万円なら家賃は月22万円。保証金が10ヶ月分、内装工事費も少し慣れてくると使っている素材などから推測できるようになります。オープン時の費用を3年償却として36ヶ月で割り、家賃と光熱費や人件費を足したものが月額の必要経費になります。

　次に売上です。商品のボリュームゾーンを探すことが重要です。最も厚く品揃えしている価格帯や商品群がその店の売れ筋です。2万円前後のブラウスだったとしましょう。客単価を出すにはお客様が何枚を購入するかを知らなくてはなりません。1枚で2万円、平均で2枚の購入なら客単価は4万円になります。日に5人が買えば売上20万円、26日営業で520万円、土日にもう少し売れるとして約600万円の売上になります。

　アパレルの場合は粗利益率が35〜40%取れますから、月に約220万円の粗利益と予想できます。先ほど算出した経費を引くと営業利益を出せている計算になります。

　このような競合調査はトレーニングで誰にでもできるようになります。是非試してみてください。

現場での心得

イノベーター理論

市場の浸透に応じて顧客層が移り変わっていく

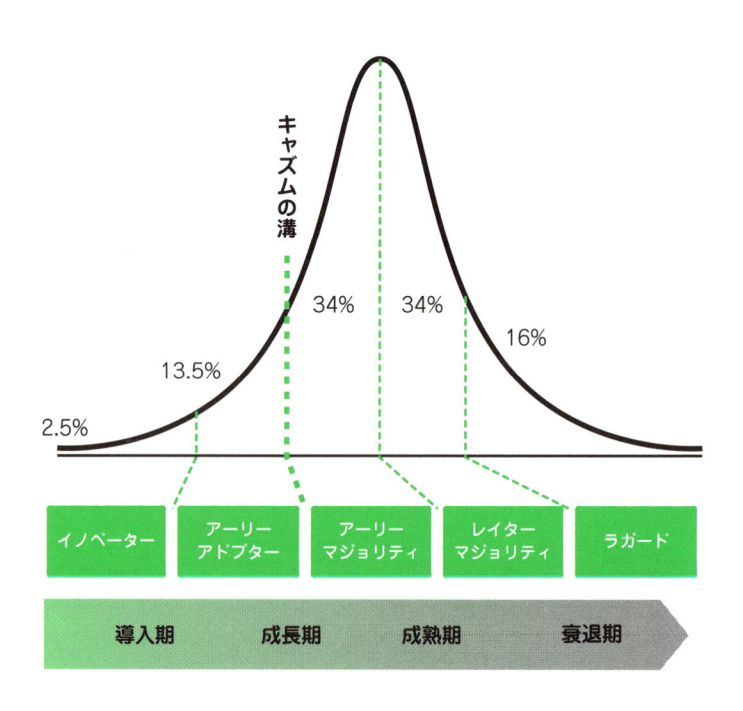

キャズムの溝

2.5% — イノベーター
13.5% — アーリーアドプター
34% — アーリーマジョリティ
34% — レイターマジョリティ
16% — ラガード

導入期　成長期　成熟期　衰退期

新しいアイデアや技術が成功するためには、マジョリティ市場に採用されなければならない

　まったく新しい革新的な技術や製品がマーケットに受け入れられる順番を時間軸で表現したものが「**イノベーター理論**」です。「**イノベーションのベルカーブ**」と呼ばれるツリガネ型の曲線で表現されています。1960年代にアメリカの経済学者エベレット・ロジャースによって提唱されました。

　新しい製品が世に出ると、まず**イノベーター**と呼ばれる人たちが採用します。彼らはとにかく新しいもの好きで、「未だ誰も使っていない」という言葉が大好きな人たちです。特殊な集団を作って情報交換し、常に新しい技術や仕組みをウォッチしているような人たちで、「テクノロジーマニア」「テッキー」などと呼ばれています。

　そのイノベーターを少し離れて見ているのがもう少し現実的な**アーリーアドプター**と呼ばれる人々です。彼らもイノベーターほどではありませんが新しいもの好きで、新しいものを使って誰よりも早く仕事で成果を上げたいと考えています。だからイノベーターから目を離さずに彼らのレポートに常に注意を払って、彼らが評価したものを積極的に採用します。

　しかしこのイノベーターとアーリーアドプターは合わせても全体の10〜16％ほどのマーケットサイズしかないことが多く、成功するにはその後にある**マジョリティ**に採用されなければなりません。ここも比較的新しいものを積極的に受け入れるアーリーマジョリティと、他社の導入事例を見てじっくり腰を上げるレイターマジョリティに分かれ、その後には何があろうが新しい技術には抵抗する**ラガード**がいます。

　このベルカーブのアーリーアドプターとアーリーマジョリティの間の大きな溝に焦点を当て、ここを「キャズム」(谷)と表現して『Crossing The

Chasm』(キャズムを越えろ！：邦題『キャズム』)という本を書いたのが、アメリカのハイテクマーケティングで圧倒的な評価を受けているジェフリー・ムーアです。

　多くのハイテクベンチャーが素晴らしい技術や先進的なアイデアを持ちながら成功できずにいるのは、このキャズムに堕ちて這い上がれないからだ、とする理論で、読んでいるとあまりに多くの企業や製品が当てはまるので驚くほどです。この本はアメリカで製品ライフサイクルが短く、ベンチャービジネスが多いハイテク業界ではバイブルとして読まれています。

　自社の製品のライフサイクルをこうした理論で分析してみるのも重要なことです。なぜなら、自分の製品がライフサイクル上のどこにいるかで採用すべきマーケティング戦略がまるで違ってくるからです。

　ご自分の会社の新製品をこれに当てはめて見てみてください。

パレートの法則とロングテールって何ですか？

【パレートの法則】とはイタリアの経済学者ヴィルフレド・パレートによって提唱されたものです。これは1990年代の初頭にパレートが社会における富の偏りを証明するために考案したとされ、20％の富裕層に社会全体の80％の富が集中し、残りの20％の富を80％の非富裕層が分け合っているとして警鐘を鳴らしました。

このパレートの法則はその後、統計実証の世界だけでなく、自然現象や社会現象など多くの現象の説明に使われるようになりました。売上の80％はトップ20％の営業マンが稼いでいるとか、意思決定の80％はトップ20％の人間によって決められている、などです。

つまり、自然の現象や社会の現象は平均的ではなく、当然ばらつきや偏りがあり、それを集約すると一部（20％）が全体に大きな（80％）影響を持っていることが多い、という比較的当たり前な現象を指しています。

【ロングテール】はインターネット系の情報誌ワイアードの編集長だったクリス・アンダーソンによって2000年代の前半に提唱されました。オンライン書籍販売のAmazonやオンラインオークションのeBayの売上構成を説明するために使った言葉が語源と言われています。

縦軸に販売数量、横軸に書籍のアイテムや購入顧客を取ってグラフにすると、尻尾の長い恐竜のように見えることからこうした呼び名がつきました。例えば販売している書籍が10万タイトルとして、ベストセラーが恐竜の頭、50冊以上売れた本が胴体、3冊以下の本が尻尾になります。そしてこの尻尾の合計が頭や胴体を超えてしまうビジネスモデルを指します。

このような特徴から、パレートは比較的BtoBの売上、意思決定、人材のスキルレベル、営業成績などの現象に当てはまり、ロングテールはBtoCの売上構成や、顧客分布、商品構成などに当てはまると言われています。

現場での心得

マーケティング担当者の役割

現場の仕事は8割がプロモーション！

理論上の役割

Product	Price	Place	Promotion

実際の現場では

Product Price Place	Promotion
20%	80%

ほとんどの場合は決まっている

◎これが大事！
・展示会や広告のしくみや特徴をしっかり知ること！
・社内でも社外でもハブになるため、コミュニケーションが重要！

- 仕事の中心は「プロモーション」
- コミュニケーションスキルは最も重要なもののひとつです

　マーケティング部門のマネージャーに任命された方から、「今までは営業を10年間経験し、その後の3年間は営業推進という部署で事業部の営業の支援をやっていましたが、改めてマーケティング担当者になって正直役割がわかりません」という相談を受けました。
　一般的に、イベント出展やセミナーの開催、カタログの制作、Webサイトの製品ページの担当などが営業推進の仕事です。こうした活動を通して営業を後方から支援するのです。マーケティングで言うと、4Pの最後の【プロモーション】を受け持っていたことになるでしょう。

　実は現場のマーケティング担当者の仕事の80%はこの【プロモーション】だと言われています。なぜなら製品開発や価格設定はそう頻繁に行うものではありませんし、外資系企業であれば、そもそもこうした製品開発や価格設定に関わる機会はほとんどありません。商社や流通でも製品開発や価格設定などの仕事はほとんど発生しないはずです。売らなければならない商品と価格と流通チャネルとマーケットが既に決まっているのであれば、後はプロモーションの領域です。
　イベント、セミナー、PR、広告、テレマーケティング、ダイレクトメールキャンペーン、Webサイトの制作、運用、SEO、リスティング、アフィリエイト、メールマガジン、商品パンフレットやカタログ、ポスターの制作……あなたを待っているのはこうした【プロモーション】と呼ばれる仕事の山です。

　では、その【プロモーション】を仕切るためにどんなスキルが必要なので

しょうか？

　まず、それぞれのチャネルやツール、メディアなどの特性や価格、使い方などを徹底的に理解することです。知らないものは使えません。何かを活かせるか活かせないかは、そのものへの理解の深さと正しさに比例します。エクセルやワードといった日頃使い慣れているアプリケーションでも、知らなかった機能を発見し、もっと前にこの機能を知っていたらどれだけ仕事が楽だったろうと考えることがあります。知らない機能は存在しないのと同じですから活用できるはずもないのです。それぞれの専門業者に委託するにしても、知っているのと知らないのでは外注業者の活用レベルはまったく違いますし、下手をすると馬鹿にされて新人を担当に付けられたりします。
　これらのチャネルやツールを組み合わせてマーケティングを設計し、実行していくことがマーケターの仕事です。

　またコミュニケーションのスキルは非常に重要です。電話やメールにマメでない人はマーケティング担当には向かないかもしれません。何故なら、イベントにしても制作にしても、マーケティング担当者が社内でも、社外でもハブ（中心）にならなければならないからです。ハブが機能しなければすべての関係者が情報不足に陥ります。社内を取りまとめ、予算を獲得し、必要な素材を集め、幹部のスケジュールを調整し、外注業者をコントロールしなければなりませんから、1日の仕事の多くは会議や打ち合わせ、メールの読み・書き、そして電話を掛けたり受けたりします。
　マーケティング関係の会議の司会・進行を担当することもあり、コンペのオリエンテーションも大抵はマーケティング部門が仕切ります。そういう意味ではマーケティングの実務者の最も重要なスキルは「コミュニケーションスキル」かもしれません。

もしあなたが社長なら、どんなマーケティング部門を作る？

　マーケティングとは守備範囲の広い概念です。広告もPRも価格設定も営業の販売管理もマーケティングに含まれます。したがって新しくマーケティング部門を作るとしたら包括的な組織にすることが成功するために有効だと思います。

　反対にお勧めできないのは、既にある広告・宣伝部、営業推進部と重ならないように、顧客の満足度調査などの限定した部門を担当させることです。目的は売ることですから、少なくとも顧客管理やセールスプロモーション全般を指揮できる組織を作るべきでしょう。そしてできれば営業部長や本部長と同格の人を部門長にするべきです。そうでないと、マーケティングプランを営業が無視するようなことにもなりかねません。

　実際に機能するマーケティングの組織を作る場合、「顧客別」「流通別」「事業別」などで分ける選択肢もあります。

　例えば建設業で、個人向け住宅と法人向けの両方を手掛けている場合はマーケットがまったく違いますから、少なくとも担当は分けるべきでしょう。また、販売について直販営業と代理店営業を持っている場合、両者は競合関係にあることも珍しくありません。この場合、兼務していると代理店から信頼されないという問題が起こりますのでマーケティングも分けたほうが賢明です。また総合商社のようにまったく異なる商材を手掛けている場合には、事業部ごとにマーケティング部門を持つほうが良いでしょう。よく多角化しているのでマーケティング部門は特定商品の販売には関わらないと言って、全社的なブランディングだけを担当している企業がありますが、これではマーケティングではなく、広告・宣伝かPRです。

　戦略的に機能するマーケティング部門にするためには営業とは別組織にして責任者は経営トップに近い人をあてるべきだと私は考えています。トップセールスをマネージャーにすれば失敗の確率は非常に少ないのです。

現場での心得

マーケティングの学び方

独学でも大丈夫です！

理論

| ポーター | コトラー | レビット | アーカー |

「理論」を本で学ぼう！

実践

・自社の「STP+4P」はどうなっているか？ どうすべきか？
　これを考えることで、全体感がつかめる！
・4PのPromotionについては徹底的に掘り下げる！

理論を片手にあたれば「実践」は学びの宝庫！

「理論」と同時に「実務」を行う そうすれば理論が血肉になって 本物のスキルが身につきます

　念願がかなってマーケティング部門に配属になった方から「マーケティングのスペシャリストを目指そうと考えていますが、どうやって学べばよいでしょうか？」という質問をいただきました。私自身、大学は商学部でも経済学部でもなく法学部でしたから、マーケティングは独学で学びました。ですから大学でマーケティングを専攻していなくても、また欧米の大学に留学しなくても、実務の中で高度なマーケティングスキルを身につけることは十分に可能だと考えています。
　私はマーケティングの学び方をこうアドバイスしています。

　まず、やはり理論は必要です。言葉やフレームワークが理解できなければ会話になりません。人を説得し、予算を確保するためにはボキャブラリーも必要です。理論を学ぶには本を読むしかありません。フィリップ・コトラー、ピーター・ドラッカー、セオドア・レビット、デービッド・アーカー、マイケル・ポーター、ジェフリー・ムーア、ヘンリー・ミンツバーグ、ドン・ペパーズ、マクスウェル・マルツ、ジェームズ・マーチン、大前研一、ルディー・和子など多くの人たちが素晴らしい本を書いてくれています。また私は特に戦略を学ぶために軍事関係の書籍を多く読みました。クラウゼビッツ、ジョミニ、マハン、リデルハート、日本人では松村劭などです。
　天才的な学者たちが一生涯を掛けてたどり着いた成果をわずか2,000円程度で手にすることができるという意味では書籍は本当に得がたい知の宝庫です。これらを渉猟することで理論構築は十分にできるでしょう。

　理論を学ぶだけではビジネスには使えません。理論と同時に実務を学ぶ

べきです。理論を学びながら実務を実施していくと学びのスピードが全然違います。書籍で読んだ世界が目の前にあることで理論が血肉になって本物のスキルが身につきます。実務の学び方を私は以下のように教えています。

　マーケティングの基本的なフレームワークはこの40年間ほとんど変わってはいません。この本の第2章で書いたSTPからマーケティングミックスの4P（4C）という流れです。これを自分のビジネスに置き換えて、この計7項目すべてに「How」を付けるのです。つまりどのようにセグメントするか、どのようにターゲットを絞るか、どのように価格を決めるか、またどうやって流通網を選択し、構築するか、です。

　4Pの中でもプロモーションの部分はさらに分解するべきでしょう。なぜなら、企業の中でマーケティングを担当する人たちのほとんどの実務はここに集中するからです。

　BtoCなら、どうやってお客様を獲得するか（カスタマークリエーション）、またどうやってリピート客になってもらえるか（カスタマーリテンション）を徹底的に考えることです。もし小売業なら141ページで書いた5つの要素をSWOT分析で掘り下げるとよいでしょう。

　BtoBの場合はもうちょっと複雑です。どうやって見込み客を集めるか（リードジェネレーション）、どうやって見込み客リストを整理し、育成し（リードナーチャリング）、絞り込むか（リードクオリフィケーション）、どうやって営業案件を管理するか（リードトゥオーダー）、どうやって顧客との関係を管理するか（カスタマー・リレーションシップ・マネジメント）、これらのステップを徹底的に掘り下げるのです。

　こうして、理論と実践をあや織りのように紡いでいくことで、理論と実務が融合した素晴らしいマーケターへの道が拓けるでしょう。

売上に繋がるマーケティングとは？

　コラムのタイトルになっているこの質問は経営者を対象としたセミナーなどでよくいただくものです。マーケティングにおいて売上に繋がらない活動はないはずですから、本来はこの質問はおかしいのです。残念ながら多くの経営者がこういう質問をしなければならないほどに日本のマーケティングは売上に貢献できていないのだと思います。

　売上に繋がるマーケティングとは「売れる仕組みを設計できる人」にしか実現できません。これはビルを建てるのに似ています。それぞれの作業はそれぞれの専門業者や職人が行います。基礎は基礎屋さん、鉄骨は鉄骨屋さん、塗装は塗装屋さんです。しかし最初に建築デザイナーが設計しなければ建てることができません。マーケティングも同じです。WebサイトはWebデザイナーが作ることができます。イベントはイベント屋さんが仕切ることができます。でもマーケティングの基本設計がなければ、そうしたマーケティングの枝葉をバラバラに動かすことになり、売上には貢献できません。しかも悪いことに基本設計なしにWebサイトを作ったり、イベントに出たり、ダイレクトメールを出すことのほうが担当者の疲弊は激しいのです。ですから、マーケティングの基本設計、全体設計のできる人を探すべきです。日本では絶対数の少ない本物のマーケターを探すことは簡単ではないでしょう。でも見つかるまで探すべきです。本物だけが現実を変える力を持っています。

　本物を見分けるポイントはまず「数字で語れること」「実務的な質問によどみなく答えられること」「理論武装できていること」です。マーケティングはチームワークで実現するものです。実務を知らない理屈屋はチームを壊しますから避けるべきです。理論武装は必要条件の3番目なのです。まず数字で設計できる、次に実務がわかる、最後にそれをロジカルに表現できる、この順で本物を見分けてください。

ロジカルシンキングについて
最も洗練され、わかりやすい本

●思考・論理・分析「正しく考え、正しく分かること」の理論と実践

概要

「思考」という頭脳作業は何をしていることなのか。「論理的」とはどういうことなのか。何をどのように行えば最も効率的に正しい答えを得られるかという「合理的分析プロセス」の具体的作業と有用なテクニックについて解説する。

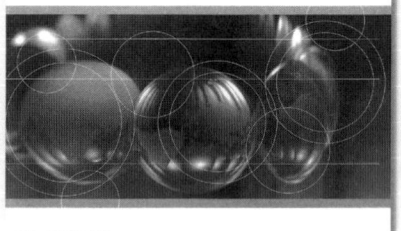

波頭 亮 著
産業能率大学出版部
2004年7月刊行

目次

第1章 思考（思考とは；「分ける」ための三要件；思考成果　ほか）
第2章 論理（論理とは；論理展開；論理展開の方法論　ほか）
第3章 分析（分析とは；分析作業；合理的分析の手法　ほか）

本気で
読みたい！　**3**
ブックガイド

　論理的にものごとを考える学問の起源は紀元前400年頃に活躍したソクラテスと弟子プラトン、さらにその弟子アリストテレスと言われています。人類はロジカルに考える技術をもう2400年も追い求めていることになります。

　では現代に生きる我々が、ビジネスの現場で意思決定をする時に最も必要と言われているロジカルな思考回路はどうやって身につければよいのでしょうか？

　私は数多くある解説本の中でも最も洗練され、わかりやすく書いてあるのがこの本だと思っています。著者は元マッキンゼーの経営コンサルタントである波頭亮さんです。もうずいぶん昔になりますが、私の友人で非常に優秀な頭脳を持っている方に、「今まで仕事をした中で最も優秀だと思った人は誰ですか？」と質問した時の答えが波頭さんでした。すぐに書店でこの本を購入して、納得しました。

　この本は「正しく考える」とはどういうことか、「正しく分かる」とはどういうプロセスが必要かを極めてロジカルかつ驚くほどシンプルな体系で説明しています。

　「思考」「論理」「分析」という3章で構成されていますが、第1章では、思考の本質は「事象の識別」と「事象間の関係性の把握」であるとして、識別の手法として①ディメンジョンの統一、②クライテリアの設定、③MECEの3要素を説明しています。この第1章を参加者全員に読ませることができれば、不毛な会議の70%は改善されるのでは、とさえ思います。

　事象間の関係性の把握の手法に関しては相関と因果関係の構造を間違えやすい留意点と共に解説しています。

　第2章では演繹法と帰納法を取り上げて説明し、第3章では分析を、大きな問題である属人性の問題点を指摘しながら解説しています。

　波頭さんにとっては非常に簡単に書いた本ですが、凡人の我々にはやはり若干の難しさは残りますので、繰り返し読む必要がありますが、読み返す度に気付きとヒントをもらえる本でもあります。

おすすめの本

　本書を読まれてさらに「理論」を学びたい、という方のためにおすすめの参考文献を紹介します。マーケティング・戦略論・ビジネスの3つの観点から、ぜひ読んでいただきたい良書を取り上げました。

　「マーケティングについて」では、マーケティング・広告・ブランドについての名著を挙げました。これらを読んで基礎理論の理解を深めてください。また企業戦略や経営戦略について学びたい方には「戦略論について」がおすすめです。古典的な名著もありますが、その価値は現在においてもまったく色褪せていません。「ビジネスについて」では、ビジネスの現場や未来がわかる書籍を挙げました。お好きな本から読み始めて、「理論」の理解を深めていただればと思います。

マーケティングについて

フィリップ・コトラー『コトラーのマーケティング講義』（ダイヤモンド社）
　コトラーに興味はあるけど、分厚い専門書はちょっと、という人に最適。Q&Aなので読みやすくエッセンスを学べます。

セオドア・レビット『T.レビット マーケティング論』（ダイヤモンド社）
　多くの歴史的なフレームワークと格言を遺したレビット博士の論文集。代表的論文の『マーケティング近視眼』も収録。

デイヴィッド・オグルヴィ『ある広告人の告白[新版]』（海と月社）
　オグルヴィグループの創始者の自伝。彼がいかに広告とコピーワークを大切にしたかを知ることができる。

レスター・ワンダーマン『ワンダーマンの「売る広告」』(翔泳社)
　ダイレクトマーケティングの父と言われるワンダーマンの自伝。新しいマーケティング分野を確立していく過程を描いている。

セス・ゴーディン『バイラルマーケティング』(翔泳社)
　口コミのことを「バイラル」と呼ぶようになったという意味でペパーズの『ONE to ONEマーケティング』と並ぶ歴史的な1冊。

多田 正行『コトラーのマーケティング戦略─最強の顧客満足経営をキーワードで読み解く』(PHP研究所)
　コトラーのマーケティング理論を、日本企業をケースにしながら易しく解説した、コトラーを読む足掛かりに最適の一冊。

ドン・ペパーズ『人生は「売込み」だ！─成功をつかみとる究極の説得術』(ダイヤモンド社)
　マーケティング界のエバンジェリストの一人ドン・ペパーズの本。7割が自慢話だが、彼らしいアイデアが散りばめられている。

ジョン・スポールストラ『エスキモーに氷を売る─魅力のない商品を、いかにセールスするか』(きこ書房)
　スポーツマーケティングの第一人者が体験を元に書いた本。数々のマーケティング手法を、ドキュメンタリー風に学ぶことができる。

デービッド・アーカー『ブランド優位の戦略─顧客を創造するBIの開発と実践』(ダイヤモンド社)
　企業戦略論の中でも特にブランド論の権威となったアーカーの代表作。企業ブランドがいかにして構築されるべきかを示した本。

クロード・ホプキンス『広告でいちばん大切なこと』(翔泳社)
　「この本を7回読むまでは決してコピーを書いてはいけない！」byデイヴィッド・オグルヴィ。この本の価値はこの言葉でわかる。

戦略論について

アンドリュー・グローブ『インテル戦略転換』(七賢出版)
　日本企業の攻勢で主力のメモリーから撤退を余儀なくされたインテルが、戦略を転換した時の迫真のドキュメンタリー。

ヘンリー・ミンツバーグ、ジョセフ・ランペル、ブルース・アルストランド『戦略サファリ—戦略マネジメント・ガイドブック』(東洋経済新報社)
　いくつかの経営戦略論を「猛獣」に見立てて、サファリツアーのようにそれを観察しながら、エッセンスを面白く学べる本。

M.E. ポーター『競争の戦略』(ダイヤモンド社)
　ポーターが初めてファイブフォースモデルを提唱した経営戦略論の古典。MBAの教科書にも多く採用されている。

ピーター・ドラッカー『創造する経営者』(ダイヤモンド社)
　経営戦略の古典の中でも一、二を争う名著。名言も多く、ドラッカーのエッセンスの基はこの本の中に散りばめられている。

大前 研一『企業参謀—戦略的思考とは何か』(プレジデント社)
　著者の名声を不動のものにした名著。若かりし頃、あんまり目から鱗が落ち過ぎて目がなくなるのではないかと本気で心配した一冊。

野中 郁次郎、戸部 良一、寺本 義也、鎌田 伸一、杉之尾 孝生、村井 友秀『失敗の本質—日本軍の組織論的研究』(中央公論社)
　経営戦略に関わる人間には必読の一冊。「曖昧な戦略」「戦力の逐次投入」、日本企業が負け続けている理由がここにある。

クレイトン・クリステンセン『イノベーションへの解―利益ある成長に向けて』(翔泳社)

　世界に衝撃を与えた『イノベーションのジレンマ』の続編だが、実務のヒントはこちらの方がむしろ多く、クリステンセンのベスト。

ビジネスについて

クレイトン・クリステンセン『イノベーションのジレンマ―技術革新が巨大企業を滅ぼすとき』(翔泳社)

　「破壊的イノベーション」は成功した企業の強みさえ衰退の原因に変えてしまうということを事例を挙げながら指摘した歴史的な本。

ピーター・ドラッカー『明日を支配するもの―21世紀のマネジメント革命』(ダイヤモンド社)

　ドラッカーが経営者に信奉される理由のひとつが未来を見通す洞察力。未来のマネジメントやマーケティングを見抜いた一冊。

ルイス・ガースナー『巨象も踊る』(日本経済新聞社)

　決して成功者の自慢話ではなく、抵抗を排除し、本質を捉えて有効な手を打ち、分割必至だったIBMを建て直したドキュメンタリー。

マイケル・デル『デルの革命―「ダイレクト」戦略で産業を変える』(日本経済新聞社)

　BTO（受注組立方式）で瞬く間にビジネス用PCのシェア世界一になったデルモデルとはいかなるものかを、企業の伝記として描いた本。

マーク・ベニオフ『クラウド誕生―セールスフォース・ドットコム物語』(ダイヤモンド社)

　セールスフォース・ドットコムの創業者ベニオフの著書。設立から世界を席巻するクラウド企業になるまでを解き明かした一冊。

■ 著者

庭山一郎（にわやま いちろう）
シンフォニーマーケティング株式会社 代表取締役。
中央大学大学院ビジネススクール客員教授。プロフェッショナルマーケター。
1962年生まれ。中央大学卒業。ASK（株）などを経て1990年にシンフォニーマーケティング株式会社を設立。データベース・マーケティングの導入コンサルティング、インターネット関連事業などを数多く手がける。現在、大手企業に対して顧客管理サービスをアウトソーシングで提供している。森林の再生をライフワークにするナチュラリストでもある。著書に『ノヤン先生のマーケティング学』（翔泳社）がある。
https://www.symphony-marketing.co.jp

本書内容に関するお問い合わせについて

本書内容に関するお問い合わせについて
このたびは翔泳社の書籍をお買い上げいただき、誠にありがとうございます。弊社では、読者の皆様からのお問い合わせに適切に対応させていただくため、以下のガイドラインへのご協力をお願い致しております。
下記項目をお読みいただき、手順に従ってお問い合わせください。

●ご質問される前に
弊社Webサイトの「正誤表」をご参照ください。
これまでに判明した正誤や追加情報を掲載しています。
正誤表　http://www.shoeisha.co.jp/book/errata/

●ご質問方法
弊社Webサイトの「刊行物Q&A」をご利用ください。
刊行物Q&A　http://www.shoeisha.co.jp/book/qa/
インターネットをご利用でない場合は、FAXまたは郵便にて、下記"翔泳社 愛読者サービスセンター"までお問い合わせください。電話でのご質問は、お受けしておりません。

●回答について
回答は、ご質問いただいた手段によってご返事申し上げます。ご質問の内容によっては、回答に数日ないしはそれ以上の期間を要する場合があります。

●ご質問に際してのご注意
本書の対象を越えるもの、記述個所を特定されないもの、また読者固有の環境に起因するご質問等にはお答えできませんので、予めご了承ください。

●郵便物送付先およびFAX番号
送付先住所　〒160-0006　東京都新宿区舟町5
FAX番号　03-5362-3818
宛先（株）翔泳社 愛読者サービスセンター

※本書に記載されたURL等は予告なく変更される場合があります。
※本書の出版にあたっては正確な記述につとめましたが、著者や出版社などのいずれも、本書の内容に対してなんらかの保証をするものではなく、内容やサンプルに基づくいかなる運用結果に関してもいっさいの責任を負いません。
※本書に記載されている会社名、製品名はそれぞれ各社の商標および登録商標です。

カバーイラスト	いしかわこうじ
装丁・デザイン	和田奈加子
DTP・編集	株式会社アズワン

サラサラ読めるのにジワッとしみる 「マーケティング」のきほん

2014年6月16日 初版第1刷 発行
2020年2月15日 初版第2刷 発行

著者	庭山 一郎
発行人	佐々木 幹夫
発行所	株式会社 翔泳社
印刷・製本	日経印刷株式会社

©2014 Niwayama Ichiro

本書は著作権法上の保護を受けています。本書の一部または全部について、株式会社 翔泳社から文書による許諾を得ずに、いかなる方法においても無断で複写、複製することは禁じられています。本書へのお問い合わせについては、163ページに記載の内容をお読みください。落丁・乱丁はお取り替えいたします。03-5362-3705 までご連絡ください。

ISBN978-4-7981-3788-9　Printed in Japan